Gerhard F. Schadler

Der Magier vom Rosenberg

Der Autor *Gerhard F. Schadler* beschäftigt sich seit mehr als zwei Jahrzehnten mit der Auswirkung von Gefühlen und persönlichen Einstellungen auf Lebensqualität, Lebenserfolg, Lebensglück und Wirtschaft. Er ist der Entdecker des menschlichen Gefühlsschalters und DER Spezialist, wenn es um das Nutzen der eigenen Möglichkeiten geht.

Sein großes Talent ist es, Zusammenhänge zu erkennen und im Hintergrund wirkende Gesetzmäßigkeiten sicht- und nutzbar zu machen.

Sein praktisches Wissen hat er bereits in frühen Jahren während einer langjährigen Ausbildung bei einem japanischen Sensei (Kampfkunstmeister) erworben. Seither erforscht er die menschlichen Steuermechanismen und beobachtet und analysiert vor allem jene Menschen, die trotz widrigster Umstände ein geglücktes Leben führen. Als Trainer betreut er Leistungsträger aus Diplomatie, Politik, Sport und Wirtschaft sowie Belegschaften großer Unternehmen.

Mehr Informationen auf *www.gefuehlslogik.at.*

Gerhard F. Schadler

Der Magier vom Rosenberg

Von einem, der zum SichtWEISEN wurde

FSC
www.fsc.org
MIX
Papier aus verantwortungsvollen Quellen
Paper from responsible sources
FSC® C105338

Die Inhalte dieses Werkes stellen keine Therapie dar und ersetzen weder ärztliche noch psychologische Behandlung! Alle Bücher von Gerhard F. Schadler werden sorgfältig erarbeitet. Dennoch übernehmen Autor, Herausgeber und Verlag in keinem Fall die Verantwortung für mögliche Folgen, die sich aus der Anwendung empfohlener Ratschläge ergeben könnten. Auch kann für die Richtigkeit von Angaben, Hinweisen und Ratschlägen sowie für eventuelle Druckfehler keine Haftung übernommen werden.

Gestaltung: Markus Schuster, www.schusterjunge.at

Bibliografische Information der Deutschen Nationalbibliothek
Die Deutsche Nationalbibliothek verzeichnet diese Publikation in der Deutschen Nationalbibliografie; detaillierte bibliografische Daten sind im Internet über http://dnb.dnb.de abrufbar.

ISBN: 978-3-9502347-3-2

Best-Practice-Beispiel

Künstlerbiografie

Tatsachenroman

Mutmacher

Danke

Mein Dank gilt all jenen, die zur Entstehung dieses Buches beigetragen haben. Besonders möchte ich mich bei Eduard Hänggis Nachkommen für ihre Kooperation bedanken – bei seinen Kindern Wolfgang »Wolf« Rindler, Edith Wimmer und Susanne Gypser, seinen Enkelkindern Christoph Rindler, Ruth Scheuer, Chris Scheuer, Wolfram Rindler mit Ehefrau Sieglinde und Brigitte Siebenhofer mit Ehemann Ernst.

Mein Dank gilt auch all den WegbegleiterInnen, KünstlerkollegInnen und KunstexpertInnen, die mir Zeit geschenkt haben, um über ihre Erlebnisse mit Eduard Hänggi zu berichten – den Musikern Jimmy Cogan und Ernst Pozar, der Schauspielerin und Regisseurin Rosie Belic, dem Schauspieler und Maler Erhard Koren, der Malerin Sigi Hrad-Rynda, den Galeristen Eugen Lendl, Gerhard Sommer und Andreas Lendl, dem Kunsthändler Mag. Cajetan Gril, dem Architekten Walter Buck (Archiv Hans Hoffmann-Ybbs, Wels), Jacinta Maria Mössenböck von der Galerie Schloss Parz, Walter Zauner (dem profunden Kenner des Gloggnitzer Stadtarchives), dem Kulturexperten und Publizisten Dr. Johannes Koren, dem ehemaligen steirischen Kulturlandesrat und Landeshauptmannstellvertreter Prof. Kurt Jungwirth, dem Kulturredakteur Mag. Martin Behr von den Salzburger Nachrichten, dem Sammlerehepaar Maria und Paul Klement und den guten Freundinnen des Künstlers Renate Marchl und Heidelinde Rienessel.

Als geduldiger Interviewpartner zeigte sich der ehemals langjährige Bürgermeister der Stadt Graz, Alfred Stingl. Dafür sei ihm gedankt. Auch danke ich seinem damaligen Kulturstadtrat DI Helmut Strobl für sein Statement.

Mein Dank gilt den MitarbeiterInnen der Österreichischen Galerie im Schloss Belvedere in Wien, des Universalmuseums Joanneum in Graz und des LENTOS Kunstmuseums Linz. Auch bei Pfarrer Mag. Markus Madl und bei Mag. Heimo Kaindl, Direktor des Diözesanmuseums Graz, bedanke ich mich für ihre Kooperation.

Ebenso danke ich Mag. Peter Schintler, wissenschaftlicher Mitarbeiter im Grazer Stadtarchiv, der dabei geholfen hat, letzte Lücken in Eduard Hänggis Lebenslauf zu schließen.

Vielen Dank der Leiterin der Bibliothek der Neuen Galerie Graz, Mag. Patrizia Brumen, die auch bei schwierigen Rechercheanfragen nie aufgab.

Ein Danke auch dem engagierten Grazer Fotografen Thomas Fischer, dem jene Fotos zu verdanken sind, die für dieses Buch neu zu erstellen waren.

Der Magier vom Rosenberg

Dieses Buch handelt von der Freude am Leben, von Veränderung und Neubeginn, von der Möglichkeit, allen schlechten Erfahrungen zum Trotz das Leben nach eigenen Vorstellungen zu gestalten. Es zeigt am praktischen Beispiel des Multi-Künstlers Eduard Hänggi, der eigentlich Eduard Rindler hieß, dass dies gelingen kann.

Bereits bei unserer ersten Begegnung – einige Jahre vor seinem Tod – war ich fasziniert von dieser beeindruckenden Persönlichkeit. Selten zuvor hatte ich einen so außergewöhnlichen, lebensfrohen und freundlichen Menschen getroffen. Da ihn die Umstände Jahrzehnte zuvor gezwungen hatten, ein völlig anderes Leben zu beginnen, ihn dazu brachten, vieles aufzugeben, hatte er sich damals entschlossen, seinen Geburtsnamen abzulegen und stattdessen als Hänggi ein neues Leben zu leben.

Dem »Hänggi«, der in allen von uns steckt, ist dieses Buch gewidmet. Es soll Mutmacher und lebendiges Beispiel für ein geglücktes Leben sein. Basierend auf vorhandenen Aufzeichnungen, Zeitungsartikeln, TV- und Radio-Interviews, auf Erinnerungen von Verwandten und WeggefährtInnen, aber auch mittels Recherchen an Originalschauplätzen habe ich in detektivischer Kleinarbeit Stück für Stück eines gelungenen Lebens rekonstruiert.

Begleiten Sie einen Visionär und (Lebens-)Künstler, der nie nach Ruhm und Öffentlichkeit strebte, sondern vielmehr die pure Freude am Leben suchte – und diese fand.

Viel Spaß beim Lesen wünscht Ihnen

Ihr Gerhard F. Schadler

Der letzte Akt

»Oh Gott, das ...« – »Was wird ...« – »Ist es nun vor...« – Blutrote Gedankenfetzen schießen durch meinen Kopf. Unerträglicher Schmerz breitet sich aus. Es fühlt sich an, als ob mein Körper in mehrere Teile zerfetzt würde. Dann plötzlich Stille, unendliche Leere. Tiefes Schwarz versetzt mich in Bruchteilen einer Sekunde aus einer grausamen Realität in einen dunklen Tiefschlaf ...

... Die so plötzlich eingetretene Ruhe wird jäh von unangenehmer Hektik gestört. Anschwellendes und wieder abebbendes markerschütterndes Geschrei. Da, ein ätzender Geruch. Ich versuche mit aller Kraft, die Augen zu öffnen. Es ist hell, viel zu hell, als dass ich etwas sehen könnte. Es fällt mir schwer, mich zurechtzufinden. Ich will wissen, wo ich bin. Ein durchdringendes Pfeifen, das aus meinem Inneren zu kommen scheint, martert meinen Kopf. Mein Körper fühlt sich unnatürlich starr an. Ich bin unfähig, mich zu bewegen.

»Können Sie mich hören?«, dringt es von außen an mein Ohr. »Ja«, hauche ich. »Sagen Sie mir Ihren Namen«, fordert mich die unbekannte Stimme auf. Ich will mich erinnern. Doch ich kann keinen Namen finden. Ich erinnere mich an einen ohrenbetäubenden Knall. Schlagartig hat er meine Welt verdunkelt. Es tauchen Bilder auf. Ich sehe mich, braungebrannt, in Lederhose auf einem Berggipfel.

Nun fahre ich mit Skiern in hohem Tempo einen steilen, tief verschneiten Hang hinunter. Jetzt stehe ich in einem üppigen Garten. Sonne auf meiner Haut. Neben mir eine hübsche, brünette Frau. Wir scherzen miteinander. Mehrere Kinder umgeben uns. Meine Familie! Ich bin glücklich. Ich will diese Erinnerung halten.

Doch Männer mit schmerzverzerrtem, blutverschmiertem Gesicht beginnen mich zu umringen.

»Wie ist Ihr Name?«, dringt wieder diese Stimme an mein Ohr, zwingt mich nachzudenken. Endlich. Ich erinnere mich. »Eduard Rindler«, flüstere ich kaum hörbar. Das Sprechen fällt mir schwer. Mühsam drehe ich meinen Kopf in Richtung der Stimme, stelle meine Augen der Helligkeit. Eine junge, schwarzhaarige Frau mit hübschem, freundlichem Gesicht lächelt mich an. Sie nickt. Scheint mit meiner Antwort zufrieden zu sein. Ihr schmutzig weißer, blutbespritzter Kittel will so gar nicht zu ihrem anmutigen Äußeren passen. »Ich bin Schwester Anna, Herr Rindler. Sie wurden schwer verwundet«, fährt ihre Stimme sanft fort. Langsam erinnere ich mich. An den erdigen Schützengraben. Daran, wie mir aufgetragen wird, einen Funkspruch abzusetzen, wie ich nach dem Funkgerät greife und sich plötzlich um mich herum die Hölle auftut.

All die vielen Grausamkeiten, die ich zu sehen bekommen habe, drängen in meinen Kopf. Ich will aufstehen. Doch ich schaffe es nicht. Fürsorglich legt die Schwester ihre Hand auf meine Schulter. Doch ich spüre sie nicht. Meine Gedanken überschlagen sich. Mir wird heiß. Panik kommt in mir hoch. Ich schwitze. »Sie sind in Sicherheit. Die Front ist weit entfernt. Das Feindfeuer kann uns hier kaum erreichen.« Ihr ruhiger Tonfall tut gut. Beruhigt mich. Ich will mir den Schweiß von der Stirn wischen. Doch es ist unmöglich, einen meiner Arme in Bewegung zu setzen. Vorsichtig wischt Schwester Anna mit einem Tuch über mein Gesicht. Ich werde mir der Bandagen bewusst, die meinen Kopf zu einem großen Teil verhüllen. Mit Bangen gleitet mein Blick nach unten. Entsetzen macht sich breit. Mein ganzer Körper ist von einem Gipspanzer umgeben.

Arme, Oberkörper, rechtes Bein. Nur das linke Bein liegt frei. Ich versuche, meine Gedanken zu ordnen. Mein Blick irrt durch einen riesigen, kahlen Raum, erfasst unzählige Betten, verwundete Männer, schmerzverzerrte Gesichter. Unkontrollierte Schreie drängen sich immer wieder in die Szene. Meine Augen versuchen zur Ruhe zu kommen, mein Blick klammert sich an dem runden Abzeichen mit dem roten Kreuz in der Mitte fest, das die Schwester am Kragen trägt.

»Wissen Sie, welchen Tag wir heute haben?« Ich denke nach, nicke kaum merklich. »Es ist der 1. Mai 1944«, antworte ich leise. In fürsorglichem Ton, ganz so, als wolle sie sicherstellen, dass ich mich nicht noch mehr aufrege, fährt sie fort: »Herr Rindler, wir haben bereits den 12. Mai. Sie sind elf Tage im Koma gelegen. Ehrlich gesagt, haben wir nicht mehr mit Ihnen gerechnet.«

»Was ist passiert?«, frage ich zögerlich. »Ihr Unterstand wurde von einer Granate getroffen. Volltreffer. Sie wurden von unzähligen Splittern durchbohrt.« Ich muss mich konzentrieren, um sie zu verstehen. Kann ganz schwer hören. Weitere vernebelte Erinnerungen steigen auf. Wie durch Watte vernehme ich gellende Schreie, erlebe schemenhaft, wie das Leben um mich herum schwindet. Ich bin in Blut getränkt. Mein Körper ist eine einzige riesige Wunde. Da werde ich gepackt und nach draußen geschleift. Von der Schwester erfahre ich, dass ich, neben dem Kameraden, der mich gerettet hat, der einzige Überlebende meiner Einheit bin. Unermessliche Trauer macht sich in mir breit, trifft mich bis ins Innerste. Mit allen, die nun da draußen in russischer Erde zu verrotten beginnen, habe ich mich äußerst gut verstanden und Freundschaften gepflegt.

Es fällt mir schwer, mich zu konzentrieren und den Worten von Schwester Anna zu folgen. Sie erzählt mir, dass sie den Ärzten assistierte, als ich blutüberströmt hierher gebracht wurde. Dass meine rechte Kniescheibe von den Splittern zerschmettert war. Dass Ober- und Unterschenkel nur noch über Hautfetzen miteinander verbunden waren. Sie erzählt, dass ich, als sich die Ärzte gerade berieten und drauf und dran waren, mein Bein zu amputieren, für einen kurzen Moment mein Bewusstsein erlangte. »Sie flehten mit letzter Kraft: ‚Bitte nehmen Sie mir mein Bein nicht weg!', um gleich danach wieder ohnmächtig zu werden. Doch Sie hatten Glück, Herr Rindler. Nach einigem Hin und Her entschied der Oberarzt, das zertrümmerte Knie zur Gänze zu entfernen und danach Ober- und Unterschenkel zusammenzunähen, sodass Ihr Bein erhalten geblieben ist.«

Ein Schimmer von Hoffnung taucht in mir auf. Doch Anna spricht weiter, erklärt mir, dass mir nicht nur meine rechte Kniescheibe abhanden gekommen ist. Auch mein rechter Zeigefinger fehlt – und die Granatsplitter haben in meinem Körper noch weit mehr zerstört. Lunge und Oberarme sind durchstoßen worden. Ein Splitter steckt nahe meinem Herzen im Fleisch. Ein weiterer ist in meine Schädeldecke eingedrungen und steckt nun in der Hirnrinde fest. Auch haben noch unzählige kleine Splitter meinen Körper getroffen. »Leider ist an eine Entfernung all dieser Fremdkörper – vor allem an den kritischen Stellen im Herz- und Kopfbereich – hier nicht zu denken. Dafür ist dieses Lazarett zu schlecht ausgerüstet.«

Tapfer versuche ich ihre Worte zu ertragen. Und doch sammeln sich Tränen in meinen Augen. »Werde ich überleben?« Ihr Blick weicht dem meinen aus. »Sie sind aufgewacht, womit hier niemand gerechnet hat. Nun können wir nur abwarten.« Sollte ich die vielen gefahrvollen Momente in den letzten Jahren als Soldat überlebt haben, so oft dem Tod entronnen sein, nur um hier, im russischen Hinterland, mein Ende zu finden? Ich bin müde, so unendlich müde. Dieses Gespräch mit all den düsteren Nachrichten, die hochkommende Angst, aber auch die vielen schrecklichen Erinnerungen, die nun wieder wachgerufen worden sind, strengen mich an. Mein verletzter Körper, gefangen in einem weißen, harten Korsett, fühlt sich so müde an. »Ich schaue später wieder nach Ihnen«, höre ich die Schwester noch sagen, bevor ich in einen wüsten Dämmerschlaf falle. Ein markerschütternder Schrei reißt mich aus meinem unruhigen Schlaf. Es dauert eine Weile, bis ich realisiere, dass mich mein eigener Schrei geweckt hat. Ich habe Grausiges geträumt und bin froh, wieder wach zu sein, um mir dann aber erschöpft zu wünschen, in tiefen Schlaf zu verfallen.

So ging es Tag für Tag. Wochenlang lag ich im Lazarett. Hilflos und von ständigen Schmerzen gequält, wünschte ich mir nichts sehnlicher, als endlich wieder zu Hause zu sein, meine geliebte Frau Dolfi und meine Kinder in die Arme zu schließen.

Ich bekam immer mehr den Eindruck, dass es den Ärzten weniger um meine Heilung ging als vielmehr darum, abzuwarten, ob ein Weitertransport meines zerstörten Körpers überhaupt vonnöten sein würde. Zu aussichtslos schien ihnen mein Zustand, als dass sie wertvolle Transportressourcen verschwenden wollten. Jeder Möglichkeit der Bewegung beraubt, lag ich weiter in meinem Gipskorsett auf dem Rücken und starrte die Decke an.

Bis eines Tages mein trostloser Alltag durch eine ohrenbetäubende Explosion erschüttert wird. Ich schrecke hoch. Verputz fällt mir ins Gesicht. Kleine Steinbrocken und Staub bedecken meinen Körper. Meine Mundhöhle fühlt sich trocken und sandig an. Das Luftholen fällt schwer. Panik macht sich in mir breit. Feuerrot lodert es durch das Fenster. »Ein Angriff«, schießt es mir durch den Kopf. Ich fühle mich so hilflos, liege einfach nur da, kann nicht fliehen, muss alles über mich ergehen lassen. »Das muss Artillerie sein!«, schreit eine sich überschlagende Stimme aus einem der Nachbarbetten. Doch keine weiteren Explosionen folgen. Ich atme tief ein und aus. Mein aufgewühltes Inneres beginnt sich zu beruhigen. Dieses unerträgliche Gefühl der Hilflosigkeit, des Ausgeliefertseins, der völligen Ohnmacht lässt langsam nach.

Eine einzelne Granate hatte das alte Schulgebäude, in dem unser Lazarett untergebracht war, mit voller Wucht getroffen. Da es mittlerweile in Reichweite der russischen Artillerie lag, konnte es nicht mehr gehalten werden. Dies sollte für mich der Beginn einer monatelangen Odyssee sein, die meinen geschundenen Körper – wie ein Stück Holz auf eine Bahre geschnallt – von Lazarett zu Lazarett über Polen und Deutschland immer weiter in den Süden Österreichs brachte.

Im September 1944 war endlich meine Heimatstadt Graz erreicht. Mein Körper war noch immer in ein Gipskorsett gehüllt. Die Schmerzen hatten in der Zwischenzeit ein wenig nachgelassen. Einige Wunden waren bereits verheilt. Aber mein Körper befand sich noch immer in einem erbärmlichen Zustand und die lebensgefährlichen Granatsplitter trug ich noch immer in mir. Doch im Gegensatz zum russischen Feldlazarett, das mich über zweitausend Kilometer von meinem Zuhause getrennt hatte, lag das nunmehrige Lazarett im Nordosten der Stadt nur noch fünfzehn Gehminuten von meinem Haus am Grazer Rosenberg entfernt.

Hier, in der Heinrichstraße 145, falle ich erstmals seit langer, langer Zeit in einen erschöpften, aber friedlichen Schlaf. Ich spüre etwas Warmes auf meinem Gesicht. Eine zärtliche Berührung. Eine vertraute Stimme, die meinen Namen ruft. »Edi!« »Edi!« Neugierig öffne ich die Augen und sehe in das strahlende Gesicht meiner geliebten Frau. Dolfi ist da! Freude. Tränen. Lachen. Die Gefühle überschlagen sich. Mir geht es gut!

Gemischte Gefühle

Noch viele Male sollte mich Dolfi im Lazarett, das in einem ehemaligen Knabenseminar des Kapuzinerordens untergebracht ist, besuchen. Hat sie es doch von der Schönbrunngasse, die von unserem Haus am Rosenberg direkt zur Heinrichstraße führt, nicht weit zu meiner neuen Bleibe. Wie schön ist der Moment, als sie erstmals auch unsere Kinder Maria, Wolfgang, Susanne und Edith mitbringt. Wie groß sie geworden sind! So gern würde ich alle in die Arme schließen, woran mich jedoch mein lästiges Gipskorsett hindert, das mittlerweile zweimal erneuert worden ist. Und doch ist der Moment so schön. Wie lange ist es doch her, dass ich diese Gefühle erleben durfte. Das viele Elend der letzten Jahre hat mich befürchten lassen, ich könnte zu solch einer Regung gar nicht mehr fähig sein. Doch die Anwesenheit meiner Familie lässt mich wissen, dass der fühlende Mensch in mir doch noch vorhanden ist. Warm spüre ich Dolfis Hand in der meinen, während die Kleinen sich an mich schmiegen, mir über das Gesicht streicheln und mir so einen Moment der Geborgenheit bescheren, wie ich ihn lange ersehnt habe. Auch in den nächsten Wochen schenken mir Dolfi und die Kinder immer wieder helle Momente des Glücks. Wenn sie sich dann auf den Weg zurück zum Rosenberg machen, wirkt dieses Gefühl noch eine Weile nach.

Doch war ich nach wie vor mit der unmenschlichen Realität konfrontiert – mit den vielen Verletzten um mich herum, dem ständig vorhandenen Geruch des Todes und auch mit der Tatsache, dass meine Wunden zwar heilten, die Ärzte mir aber noch immer nicht sagen konnten, was mit den großen Granatsplittern in meinem Körper geschehen sollte. Sie wussten nicht, was tun, und diese Ungewissheit quälte mich. Immer öfter suchte ich mich mit Gedanken an meine Familie und mit der Vorfreude auf deren nächsten Besuch abzulenken. Ich dachte an die guten Nachrichten, die mir Dolfi mittlerweile zugetragen hatte. Daran, dass meine Eltern, die auch in Graz ihre Bleibe hatten, trotz Bombardierung der Stadt bis jetzt mit dem Leben davongekommen waren. Dass unser Haus am Rosenberg noch heil war und keinem unserer Verwandten und Freunde etwas Schlechtes widerfahren war – und daran, dass ich meine Dolfi und die Kinder bald wiedersehen würde.

Inzwischen hatte der Winter eine dicke Schneedecke über die Stadt gelegt. Vor knapp einem Jahr hatte ich noch versucht, mit in die Stiefel und die Uniform gestopftem Zeitungspapier dem Kältetod im russischen Hinterland zu trotzen. Wie komfortabel kamen mir da jetzt die beheizten Räume des tristen Grazer Lazaretts vor. Weihnachten 1944 sollte für mich seit Langem wieder weihnachtlich werden. Seit mehr als vier Jahren war es das erste Mal, dass ich das große Fest wieder mit meiner Familie feiern konnte. Dolfi brachte einen mit Kerzen geschmückten Tannenzweig mit. Die Kleinen hatten ein Weihnachtslied eingeübt und rührten mich – und einige andere im Lazarett – mit ihren Kinderstimmen zu Tränen. Wie sehr hatte mir das alles gefehlt. Wie sehr genoss ich diese Augenblicke, die mich vergessen ließen, dass da draußen noch immer ein unbarmherziger Krieg Tod und Verzweiflung brachte.

Doch in den nächsten Wochen sollten die innigen Momente mit meiner Familie ein jähes Ende finden. Die Alliierten nahmen Graz, die zweitgrößte österreichische Stadt, mit all ihren Fabriken, Bahnhöfen und Kasernen immer öfter ins Visier. Während die US-Luftwaffe von oben attackierte und zuhauf ihre Bomben über der Stadt abwarf, rückten russische Truppen, aus Ungarn kommend, immer näher an uns heran. Die Schönbrunngasse war bis jetzt glücklicherweise von Treffern verschont geblieben. Doch in der Heinrichstraße, nur wenige hundert Meter vom Lazarett entfernt, gab es einen Volltreffer, der viele Menschenleben kostete.[1] Viel zu unverantwortlich wäre es von mir gewesen, auch weiterhin auf Dolfis Besuche zu bestehen. Schweren Herzens bat ich meine Frau, mit den Kindern und meinen Eltern, die im Zentrum der Stadt noch stärker dem

1 14. 2. 1945, Graz, Heinrichstraße 56, 16 Tote.

schweren Bombardement ausgeliefert waren, aufs Land zu ziehen, wo Dolfis Schwester nahe dem Dörfchen St. Bartholomä ein Winzerhaus besaß. Fast zwanzig Kilometer westlich von Graz sollten sie wohl einigermaßen sicher sein vor den Angriffen der immer aggressiver agierenden Alliierten.

Mein Tag wird immer öfter von Sirenengeheul zerhackt. Eine viel zu lange Minute ist die Stadt in nervenzermürbenden Klang gehüllt. Bald folgt ein dumpfes Dröhnen, bis sich die Bomber mit bedrohlichem Getöse ihrer todbringenden Fracht entledigen. Mir schnürt es dabei die Kehle zu. Habe Schwierigkeiten, ausreichend zu atmen. Panik wie in Russland macht sich breit. Unter meinem Gipskorsett sammelt sich der Schweiß, dringt an den Rändern nach draußen. Ich denke an meine Familie. »Sie sind in Sicherheit!« Der Gedanke beruhigt mich. Ich finde meinen Atem wieder. Bange, erschütternde Minuten, bis schließlich Sirenen mit erlösendem Dauerton das Ende des Angriffs verkünden.

Im April werde ich endlich, nach einem Jahr in qualvoller Enge, den ungeliebten Gipspanzer los. Meine Wunden sind einigermaßen verheilt. Aber das fehlende Kniegelenk wird eine dauerhafte Behinderung bedeuten. Auch die Granatsplitter sind nach wie vor in meinem Körper und die Ärzte haben noch immer keine Lösung für dieses akute Problem. Doch ein Gespräch sollte bald die Entscheidung bringen, mein Schicksal für den Rest meiner Tage bestimmen.

Entscheidung

»Es ist eine schwere Entscheidung«, beginnt der kleine Mann mit Nickelbrille und schütterem blonden Haar das Gespräch. Sein von unzähligen Flecken übersäter weißer Mantel lässt seine Haut sehr blass erscheinen. Er wirkt müde. Von einer Krankenschwester habe ich gehört, dass er ein erfahrener Mediziner sei. Bereits vor seinem Einsatz hier im Lazarett soll er in einem örtlichen Krankenhaus vielen Menschen geholfen haben. »Herr Rindler, wir könnten die beiden großen Splitter nahe dem Herzen und dem Gehirn operativ entfernen. Doch das ist mit einem sehr hohen Risiko verbunden. Die Gefahr ist groß, dass Sie diesen Eingriff nicht überleben.« Sein freundlicher Tonfall ist ruhig und bedacht, als wolle er so die schlechte Nachricht erträglicher machen. Trotzdem breitet sich eine unangenehme heiße Welle in meinem Körper aus, während er unbeirrt weiterspricht: »Wir könnten die beiden Fremdkörper auch einfach belassen, wo sie sind, und hoffen, dass sie dort bleiben. Wenn sich das Metall jedoch nur ein wenig bewegt, kann dies zu spontaner Ohnmacht führen. Und bewegt sich der Splitter weiter, könnte dies sogar den Tod bedeuten.«

Ich bin aufgewühlt, versuche den Sinn seiner Worte zu erfassen, meine Gedanken zu ordnen. »Was würden Sie empfehlen?« Banges Schweigen. Er scheint nachzudenken, es sich selbst nicht leicht zu machen, und gibt mir das Gefühl, an meinem Schicksal interessiert zu sein. Endlich beginnt er zu sprechen. »Beide Varianten sind mit großem Risiko verbunden. Doch sind, wenn ich an unsere chirurgischen Möglichkeiten denke, die Risiken durch das Belassen der Splitter geringer. Mit viel Glück verkapseln sie sich im Laufe der Zeit, wodurch die Gefahr langfristig gebannt wäre.« Ein Hauch von Hoffnung keimt in mir auf, verdrängt die bangen Gedanken.

Ich entschied mich letztlich dafür, auf die riskante Operation zu verzichten. Dann endlich! Am 3. Mai 1945, fast genau ein Jahr nachdem ich in Russland verwundet worden war, wurde ich nicht nur aus dem Lazarett, sondern wegen meiner Dienstuntauglichkeit auch offiziell aus dem Wehrdienst entlassen. Bevor ich dem Lazarett für immer den Rücken kehrte, nahm mich der besonnene Arzt nochmals zur Seite. »Herr Rindler, erlauben Sie mir, Ihnen noch einen Rat mit auf den Weg zu geben.« Ohne meine Reaktion abzuwarten, sprach er weiter: »Suchen Sie sich eine Aufgabe, die Sie mit Freude erfüllt und befriedigt. Das ist das Beste, was Sie selbst zu Ihrer Gesundung beitragen können.«

Frei

3. Mai – mir war noch nicht bewusst, dass dieser Donnerstag des Jahres 1945 eine entscheidende Wende in meinem mittlerweile 38-jährigen Leben markieren sollte. Ein perfekter Frühlingstag mit bereits sommerlichen Temperaturen, doch das Wetter war mir egal. Vielmehr machte ich, der ich nun endlich wieder Zivilist war, mir Gedanken darüber, wie es nun weitergehen sollte. »Suchen Sie sich eine Aufgabe, die Sie mit Freude erfüllt und befriedigt.« Die Worte des Arztes gingen mir immer noch durch den Kopf, während ich mich – auf zwei Holzkrücken gestützt – auf den Weg zu meinen Lieben begab. Bis zu meiner Einberufung, die mich fünf lange Jahre zum Soldaten machte, hatte ich meinen Lebensunterhalt als Taxiunternehmer verdient. Ich war einer der ersten dieser Art in Graz gewesen, betrieb zwei Taxameter – wie Taxis in den 1930er-Jahren noch genannt wurden –, von denen ich eines selbst chauffierte.

»Mit meinem deformierten Körper werde ich diese Tätigkeit wohl nicht mehr ausüben können. Ist vielleicht auch gut so. Das Geschäft vor dem Krieg ist doch eher schlecht als recht gegangen.« Dieser und andere Gedanken beschäftigten mich, als ich mich mit unsicherem Schritt aufmachte, das Lazarett endgültig zu verlassen. Das Gehen bereitete mir üble Schmerzen. Mein rechtes Bein war durch das fehlende Kniegelenk um sechs Zentimeter kürzer als zuvor. Ein Abbiegen war nicht mehr möglich, sodass ich mich auch mit Krücken nur humpelnd fortbewegen konnte. Aber nicht nur das ließ alle erkennen, dass ich verwundet worden war. Auch der fehlende Finger und eine für alle gut sichtbare, frisch verheilte, tiefe Mulde auf der Stirn, unter der einer der beiden großen, gefährlichen Metallsplitter steckte, waren Zeugen meiner jämmerlichen Befindlichkeit. Und auch mein Gehör war stark beeinträchtigt, sodass ich mich sehr konzentrieren musste, um die Worte um mich herum zu verstehen. Doch trotz all der Verletzungen, trotz der vielen Gräuel, die ich erlebt, und der vielen Toten, die ich gesehen hatte, trotz der Fliegerangriffe, denen ich

Baron Haan in jüngeren Jahren

im Lazarett hilflos ausgeliefert war, und all der Schmerzen – ich hatte überlebt und fühlte mich frei, unendlich frei. Ein Jahr lang war mein Körper in das Gipskorsett gesperrt gewesen. Nun erlebte ich trotz all der Widrigkeiten ein kaum beschreibbares wunderbares Gefühl der Freiheit.

Inzwischen war ich beim Ausgang angekommen. Unbeholfen humpelte ich auf die Heinrichstraße. Ich sah mich suchend um. Eine schlanke Gestalt löste sich auf der anderen Straßenseite aus dem Schatten eines mächtigen, in roter Blüte stehenden Kastanienbaums. Der etwa sechzigjährige Mann trug einen grauen Doppelreiher mit dunkler Krawatte, sein weißes Einstecktuch ließ vermuten, dass er viel Wert auf sein Erscheinungsbild legte. Ein breites Lächeln zeigte sich auf seinem sonnengegerbten Gesicht, während er mir mit ausgebreiteten Armen entgegeneilte. »Eduard, was für ein Segen, dich zu sehen!«, rief er freudig und umarmte mich. Baron Leo Haan, ein alter Freund unserer Familie, hatte den gefährlichen Weg hierher zum Lazarett auf sich genommen. Leo bewohnte Schloss Reiteregg[2], ganz in der Nähe jenes Winzerhauses, das meiner Familie nun bereits seit Wochen als vorübergehende Unterkunft diente. Er war nicht nur ein nobler Mensch und ein Adeliger alten Schlags, sondern auch ein begeisterter Autonarr, der schon so manches Autorennen bestritten und auch mich vor dem Krieg für den Rennsport begeistert hatte. Als einer der wenigen in der Region besaß er noch immer ein privates Kraftfahrzeug. Deshalb ließ er es sich auch nicht nehmen, mich trotz der Wirren der letzten Kriegstage hier abzuholen und aus der gefährlichen Stadt so schnell wie möglich zu meinen Lieben ins Grazer Umland zu bringen. Dort würden wir gemeinsam in einigermaßen sicherer Umgebung das Kriegsende abwarten können, das sich bereits abzuzeichnen begann.

---

2 Schloss Reiteregg liegt 22 Kilometer westlich von Graz. Es befindet sich bis heute im Besitz der Familie Haan, deren Mitglieder in der österreichischen Monarchie wichtige politische und militärische Ämter innehatten.

Leos Auto, das mit der schönen Ästhetik der 1930er-Jahre so gar nicht hierher passen wollte, stand im Schatten der Kastanie bereit für die riskante Fahrt Richtung Westen. Schon seit Tagen freute ich mich darauf, endlich meine Eltern, Dolfi und die Kinder wiederzusehen. Nachdem ich mich mit meinem steifen Bein mühsam in das Fahrzeug gezwängt hatte, ging es vorbei an unzähligen Hausruinen, vereinzelten Radfahrern und hektischen Menschen, denen ihre Angst deutlich anzusehen war. Bald hatten wir die in Trümmern liegende Stadt hinter uns gelassen. Vierzig Minuten später war es dann endlich so weit. Nur noch ein wenig bergauf und das Winzerhaus, das sich dicht an den Hang schmiegte, tauchte endlich auf. Glücklicherweise hatte sich keiner der Uniformierten, denen wir auf dem Weg hierher begegnet waren, für uns interessiert.

Wir sind noch mindestens hundert Meter vom einstöckigen, zum Teil aus Holz gefertigten Haus, das von einem üppigen Weingarten umgeben ist, entfernt, da stürmen uns schon – von Leos übermütigem Hupen gelockt – vertraute Gesichter entgegen. Mein Herz schlägt mir bis zum Hals, lässt mich die Schmerzen im steifen Bein vergessen. Ich kann es kaum erwarten, aus dem Wagen zu steigen. Meine sperrigen Krücken, an die ich mich erst gewöhnen muss, verzögern das Ganze. Nachdem mich das Fahrzeug endlich freigegeben hat, werde ich von all jenen umringt, die mir in den letzten Jahren so gefehlt haben. Dolfi fällt mir um den Hals. »Endlich!«, haucht sie mir ins Ohr, während sich die Kleinen an meine Beine klammern. Die Nähe tut so gut. Mein Vater drückt mir unter Tränen einen Kuss auf die Wange. Meine Mutter bekommt meine Hand zu fassen. Selbst Terra, unsere mittlerweile sechsjährige Schäferhündin, springt aufgeregt zwischen uns hin und her. Ich suche den Blick meiner Eltern – so lange habe ich sie schon nicht mehr gesehen! Völlig überwältigt stammle ich mit trockenem Mund: „Mama, Papa, ihr habt mir so ge

Ich öffne meine Augen. Sehe in das besorgte Gesicht meiner Frau. »Geht es dir wieder gut?«, fragt Dolfi, die meine Hand in der ihren hält. Ihr Daumen streichelt zärtlich über meine Haut. Ich nicke, schaue verwirrt um mich. Alle, die mich zuvor noch so stürmisch begrüßten, umringen das Bett, in das ich mit all meiner Kleidung verfrachtet worden bin. Ich kann mich erinnern, dass ich meinen Eltern etwas sagen wollte. Doch plötzlich war alles schwarz. Als ob jemand einen Schalter umgelegt hätte. »Der Splitter im Kopf«, erkläre ich mit matter Stimme. Dieser hat mich also nicht nur niedergerungen, sondern meiner Familie auch drastisch meinen körperlichen Zustand vor Augen geführt. »Wie lange war ich weg?« »Es dürften fünfzehn Minuten gewesen sein«, höre ich Vater sagen.

Nicht nur spontane Ohnmachten sollten eine belastende Nachwirkung des Krieges sein. Neben Finger und Kniescheibe schien mir auch meine sonst im Übermaß vorhandene Geduld abhanden gekommen zu sein. Die noch immer vorhandenen Schmerzen, die Ungewissheit, wie es weitergehen sollte, gepaart mit den grausamen Erinnerungen der letzten Jahre, all das machte mich reizbar und emotional äußerst instabil. Bald war festzustellen, dass mich nun bereits alltägliche Kleinigkeiten, die mich zuvor in keiner Weise zu berühren vermochten, plötzlich maßlos aufregen konnten. Ich war ungeduldig und äußerst gereizt. Stellte sich eines der Kinder beim Essen ungeschickt an – ich regte mich lautstark darüber auf. War ich es selbst, der etwas fallen ließ – ich regte mich hemmungslos auf. War Dolfi zu langsam, wenn ich ihre Hilfe brauchte – ich regte mich völlig sinnlos über sie auf. Wenn mein Vater, der ein starker Raucher war, wieder einmal zu viel qualmte, sagte ich ihm nicht, dass ich mich um seine Gesundheit sorgte, sondern regte mich heftig auf. Immer, wenn etwas nicht so lief, wie ich es mir in den Kopf gesetzt hatte, ärgerte ich mich maßlos darüber. Ich war so ungerecht. Mir tat zwar danach immer alles furchtbar leid. Doch in diesen wütenden Momenten hatte ich mich ganz und gar nicht unter Kontrolle. Meine Umgebung hatte es nicht leicht mit mir. Umso mehr wunderte es mich, mit welcher Ruhe mir alle trotz meines unangebrachten Verhaltens begegneten. Selbst Schäferhündin Terra wich kaum von meiner Seite.

Endlich! Eine Woche nachdem ich von Leo hierher gebracht worden war, war es so weit: »Wir erklären die bedingungslose Kapitulation aller unserer Streitkräfte zu Lande, zu Wasser und in der Luft sowie …« Noch während der Radiosprecher mit stoischer Stimme das Kriegsende in Europa verkündete, alle in Jubel verfielen und ein tiefes Aufatmen durchs Land ging, stieg auch in mir wohltuende Hoffnung hoch. Die Hoffnung, dass wir endlich wieder in unser Haus am Rosenberg zurückkehren könnten und die quälende Ungewissheit darüber, wie es in Zukunft weitergehen sollte, endlich den Tatsachen Platz machen würde.

Doch meine Geduld wurde einer weiteren harten Prüfung unterzogen. Das Ende des Krieges sollte nicht automatisch die Rückkehr auf den Rosenberg bedeuten. Wir hofften, dass Briten oder Amerikaner unsere Befreier wären. Doch mit Schrecken mussten wir zur Kenntnis nehmen, dass die Russen – denen ihr Ruf als Brandschatzer, Plünderer und Vergewaltiger vorausgeeilt war – in Graz die Schnelleren waren. Meine Erwartung einer schnellen Wende musste weiterem Ausharren, Tage-vergehen-Lassen und Hoffen, dass endlich Normalität einkehren würde, weichen. Denn jetzt war die Stadt nicht weniger gefährlich als zuvor.

Es folgten schlechte, aber auch gute Tage hier am Land. Tage, an denen es mir körperlich gut ging und ich die Nähe meiner Familie genoss. Und viele Tage, an denen ich bettlägerig war und wie im Lazarett an die Decke starrte. Wenn sich dann Sonnenstrahlen ihren Weg durch die kleinen Fenster unseres Notquartiers bahnten, dachte ich an das, was mir in Zukunft alles versagt bleiben würde. Erinnerte mich an das, was mir zuvor das Leben versüßt hatte und jetzt nicht mehr möglich war. Kein Sommertanz mit Dolfi, kein Skifahren, kein Bergsteigen, keine ausgedehnten Bergtouren in der Schweiz, kein Geräteturnen, kein Motorsport, keine langen Wanderungen mit

Freunden mehr. All das, was mir so große Freude bereitet hatte, sollte ab jetzt nicht mehr Teil meines Lebens sein. Doch wenn mir Dolfi dann zu berichten begann, dass kein Arzt im Lazarett daran geglaubt hatte, dass ich überleben würde, kehrten meine Lebensgeister zurück und ich war umso glücklicher, mit all meinen Lieben zusammenzusein.

Elf Wochen später, im Juli 1945 sollte es dann wirklich so weit sein. Britische Besatzungstruppen lösten die Rote Armee ab, sodass endlich einer gefahrlosen Rückkehr auf den Rosenberg nichts mehr im Wege stand. Nun waren wir tatsächlich frei.

Rosenberg

»Guten Morgen«, rief uns Leo gut gelaunt zu. Baron Haan, der gute Freund, war auch diesmal wieder zur Stelle. Nachdem wir unsere Koffer auf das Dach seines eleganten Wagens geschnallt hatten, ging es endlich los. Kurz nach Sonnenaufgang war es, als wir dem Winzerhaus den Rücken kehrten. Zügig näherten wir uns der noch verschlafenen Stadt. Meine Dolfi, meine drei Töchter, mein Sohn und ich – wir alle waren von Freude erfüllt. Selbst Terra, unsere Schäferhündin, schien aufgeregt zu sein. Nur noch wenige Kilometer dauerte es, bis die heiß ersehnte Rückkehr Realität würde. Ja, dieses alte Holzhaus war schon etwas Besonderes für uns. Dabei war es noch gar nicht so lange her, dass wir es entdeckt hatten.

Es war an einem Sonntag im April gewesen, wenige Monate vor Kriegsbeginn. Ein warmer Frühlingstag. Niemand von uns ahnte, dass bereits im Herbst durch einen großen Krieg unser beschauliches Leben grausam auf den Kopf gestellt werden würde. Nach einem langen, kalten Winter hatte uns der strahlend blaue Himmel ins Freie gelockt. Wir wollten den Rosenberg erkunden, jenen Hügel, der sich am nordöstlichen Stadtrand über Graz erhebt. Nicht nur die Kinder freuten sich darauf.

Fröhlich durchqueren wir den sonnendurchfluteten Mischwald, der bereits am Fuße des Hügels erahnen lässt, welches Naturparadies wir gerade betreten. Vorbei an idyllischen Teichen geht es immer weiter hinaus aus der Stadt. Sanft führt uns ein mäandernder Weg den Hügel hinauf, an einem Weingarten vorbei, immer tiefer hinein in die Natur. Eine ausgedehnte Blumenwiese lädt bald zum Picknick ein. Die Kinder tollen mit Terra herum, jagen Schmetterlingen hinterher, quietschen voll Freude. Der Duft der Wiesenblumen, die uns in prächtigen Farben umringen, weckt den Spieltrieb auch in uns. Dolfi und ich schließen uns den ausgelassenen Kleinen an, nur um einige Zeit später ermattet und zufrieden auf die knallrote, etwas groß geratene Decke zu sinken, die bald auch unseren Kindern eine weiche Unterlage bietet.

Nachdem wir herrliche Stunden inmitten unberührter Natur verbracht haben, machen wir uns – von der Sonne gerötet – auf den Weg zurück in die Stadt. Vorbei an weidenden Kühen, Bauernhöfen und schlossartigen Herrschaftsvillen wollen wir den Hügel auf der anderen Seite über die Schönbrunngasse verlassen. Ihr schmales, braunes Band reicht fast in gerader Linie bis hinunter in die Stadt. Doch bereits nach wenigen Metern bleibe ich stehen. Inmitten der ländlichen Stille scheint ein unbewohntes, offenbar gut erhaltenes Holzhaus im Dornröschenschlaf zu liegen. Ein hölzernes Juwel, inmitten eines wild wuchernden, ausgedehnten Gartens, den offensichtlich schon seit Langem niemand mehr betreten hat. Ich halte Dolfi fest, während ich fasziniert auf das alte Holzhaus blicke. »Das würde mir gefallen«, schießt es aus mir heraus, während Dolfi im selben Moment »Das würde mir gefallen!« ruft. Wir sehen uns an und lachen.

Bald hatte ich den Besitzer, einen Anwalt, eruiert. Er hatte das Haus vor langer Zeit geerbt, jedoch nie einen Grund gefunden, es selbst zu nutzen. So konnten wir ihn überreden, uns das einstöckige Haus samt malerischem Waldstück und riesiger Wiese, die das Kleinod umgaben, dauerhaft zu vermieten – vorausgesetzt, wir würden selbst für Instandhaltung und Reparaturen sorgen. Da die Miete kaum mehr ausmachte als jene für unsere kleine Wohnung in der Stadt, ließen wir uns auf das Abenteuer Rosenberg voller Tatendrang ein. Zuerst mussten all die alten Möbel entfernt werden, die mit einer zentimeterdicken Staubschicht versehen waren und seit vielen Jahren auf bessere Zeiten warteten. Erst jetzt wurde uns bewusst, dass es eine alte Schule war, die wir da gemietet hatten. Zierliche Schulbänke, verschmierte Kreidetafeln und anderes Zeug fanden schnell in einem Schulmuseum eine neue Bleibe. Später erfuhren wir, dass das solid gezimmerte Haus Ende des 19. Jahrhunderts aus den Trümmern dreier benachbarter Holzhäuser, die einem Erdrutsch zum Opfer gefallen waren, errichtet wurde. Auf Initiative von Peter Rosegger, dem berühmten Heimatdichter, soll es dann zur »Waldschule« geworden sein, deren Überreste nun in einem Museum zu finden waren.

Und nun – viele Jahre und einen großen Krieg später – sind wir kurz davor, dieses wunderbare Haus endlich wieder in Besitz zu nehmen. Leo ist mit dem Wagen gerade in die Schönbrunngasse eingebogen. Nur noch knapp einen Kilometer bergauf. In wenigen Momenten wird es so weit sein. Die riesige Rotbuche, welche die Einfahrt zu unserem Heim markiert und es gemeinsam mit einem Spalier wild wuchernder Sträucher zu beschützen scheint, ist bereits zu sehen. Das verwinkelte Giebeldach mit seinen verwitterten, bemoosten Ziegeln kommt in mein Blickfeld, während die Kinder wild durcheinanderrufen. Gut fühlt sich die Freude über die Heimkehr an. Das gediegene Haus mit seiner gemütlichen Veranda, die als Erstes den Blick auf sich zieht, hat den Krieg offenbar gut überstanden. Mit Herzklopfen versuche ich mich hektisch aus dem Auto zu wuchten. Während mein steifes Bein das Aussteigen verzögert, fällt mein Blick auf die Wiese, die bis weit hinters Haus reicht und von Terra sofort mit lautem Bellen in Besitz genommen wird. Doch kein Grün ist zu sehen. Braune Furchen. Aufgewühlte Erde. Überall. Der Boden total verwüstet. »Die Tür steht offen!«, ruft Dolfi entsetzt. Leo geht vor. Auch ich klettere, so gut ich kann, die zehn Holzstufen, die steil – einer Hühnertreppe gleich – nach oben führen, ins Haus. Ein geschnitztes Geländer erleichtert den Aufstieg. Doch die Krücken behindern meine hastigen Schritte. Dolfi und die Kinder folgen uns.

Da stehen wir nun dicht gedrängt in dem kleinen Windfang, in den die steilen Stufen übergehen. Eigentlich sollte er – versehen mit Fenstern, einer Bank und einem Tischchen als Ablage – das Betreten des Hauses gemütlicher gestalten. Doch Bank und Tischchen sind weg. Die Fensterscheiben fast alle zerbrochen. Auch die massive Eingangstür steht sperrangelweit offen. Ihr Schloss ist wie beim Windfang aufgebrochen worden. Die Eichentür gibt den Blick auf den dunklen, schmalen, langgezogenen Vorraum frei, an dessen Ende sich die steil ansteigende Holztreppe ins Obergeschoß befindet. Schmutz, zerfetztes Papier und unzählige zerbrochene Flaschen bedecken den Boden. Bangen Schrittes tasten wir uns vor.

Braunlasierte Holztüren führen von hier in die Zimmer im Erdgeschoß. Sie sind alle geschlossen. Ich greife nach einer der alten Messingklinken und öffne die Tür zur großen Stube, die vor langer Zeit das Klassenzimmer der Waldschule war. Durch das große, zur Straße gerichtete Fenster fällt Sonnenlicht auf umgestürzte Kästen, zerbrochene Sessel und einen mächtigen Tisch, dem die Platte fehlt. Verstreuter Hausrat am Boden lässt das Chaos noch dramatischer erscheinen. Die beiden anderen Zimmer im Erdgeschoß bieten ein ähnliches Bild. Verwüstung überall. Es regt mich unendlich auf. Am liebsten würde ich schreien. Auch in der Küche ist alles drunter und drüber. Zerbrochene Teller und Tassen am Boden, die Küchenkästen leer. Töpfe und Pfannen – alles ist weg. Derselbe Anblick im Obergeschoß. Mutwillig zerstörte Möbel, Unrat, Chaos. Kaum eine Scheibe im Haus, die nicht zerschlagen ist.

Glücklicherweise sind die großen Fenster unserer Veranda, die man von der großen Stube aus begehen kann, heil geblieben. Auch der heimelige grüne Kachelofen, der in einem Eck der Stube bereits seit mehr als fünfzig Jahren seine Arbeit tut, scheint intakt zu sein. Und auch das alte Piano, an dem Dolfi so hängt, ist noch da. Bereits während ihrer Ausbildung zur Jazzpianistin hatte es ihr treue Dienste geleistet. Wegen der Kinder gab sie zwar ihren geliebten Beruf als Musikerin auf. Doch dank dieses alten, schlichten Instruments konnte sie auch zu Hause ihre große Liebe zur Musik pflegen. Gott sei Dank ist das alte Piano bis auf ein paar unschöne Kratzer unversehrt.

Von Nachbarn haben wir später erfahren, dass es russische Soldaten waren, die während ihrer kurzen Besatzungszeit unser Haus und andere Villen am Rosenberg als Unterkunft benutzt hatten. Unser parkähnlicher Garten musste als Abstellplatz unzähliger Pferdefuhrwerke dienen, wodurch sich in kürzester Zeit das satte, gesunde Grün in ein braunes, schlammiges Schlachtfeld verwandelte.

Da standen wir nun in dem ausgeplünderten Haus. Umgeben von Verwüstung. Erschüttert, wütend, traurig, unsicher – und doch froh, wieder zu Hause zu sein.

Neuanfang

Auch meine Eltern waren inzwischen vom Winzerhaus wieder in ihr Grazer Domizil gezogen. Erfreulicherweise hatten sie mehr Glück als wir am Rosenberg. Ihre kleine Wohnung in der Lessingstraße war von den Bomben der Alliierten verschont geblieben und weder geplündert noch verwüstet worden. Wir am Rosenberg waren nun damit beschäftigt, das ganze Chaos, welches die Russen hier angerichtet hatten, zu beseitigen. Schmutz und kaputter Hausrat wurden entfernt, die zerbrochenen Scheiben notdürftig durch alte Holzplatten ersetzt. Beschädigte Möbel so gut es ging repariert. Wir taten alles, damit wir wieder einen normalen Alltag führen konnten. Doch wie sollte dieser Alltag aussehen?

Gerade jetzt, wo auch meine Mithilfe vonnöten gewesen wäre, bekamen alle zu spüren, wie sehr ich unter den Nachwirkungen des Krieges zu leiden hatte. Einerseits ließen mich mein angespanntes Nervenkostüm und meine maßlose Ungeduld weiterhin aufbrausend sein. Die Kinder, Dolfi, meine Eltern und selbst Freund Leo, der uns nach wie vor hilfreich zur Seite stand – alle bekamen ihren Teil ab. Andererseits passierte es immer wieder, dass ich spontan in Ohnmacht fiel oder das Bett hüten musste, weil mein Körper nicht so tat, wie ich es haben wollte. Obwohl mich mein Körper so sehr behinderte, schaffte ich es nicht, mich als behindert zu empfinden. Vielleicht, weil ich den grausamen Tatsachen einfach nicht ins Auge blicken wollte. Oder weil ich meine Unabhängigkeit, die sich vor dem Krieg in all meinen sportlichen Aktivitäten widergespiegelt hatte, in meiner Vorstellung nicht aufgeben wollte. Vermutlich hoffte ich, dass tief in meinem Inneren noch immer der agile, gesunde Eduard steckte und dieser irgendwann wieder zum Vorschein kommen würde. Aber auch wenn ich meine Behinderung nicht wahrhaben wollte, so war es doch eine Tatsache, dass immer wieder auf meine Hilfe verzichtet werden musste. Oft lag ich tagelang im Bett, hatte blutige Träume, wenn ich die Augen schloss, und düstere Gedanken, wenn ich wach lag. Wie gut tat es da, vom Garten her durch das offene Fenster das unbekümmerte Spielen der Kinder zu hören.

»Suchen Sie sich eine Aufgabe, die Sie mit Freude erfüllt!« Immer wieder tauchen in meinem Kopf die Worte auf, mit denen mich der mitfühlende Arzt aus dem Lazarett in die Freiheit entließ. Ich will mir nicht ständig über einen Eduard Gedanken machen, der an seinen Gefühlen fast erstickt, in Selbstmitleid badet und seinen Körper als Begründung für ein passives Leben nimmt. Was würde mir wirklich Freude machen? Über diese Frage grüble ich immer öfter nach. Geräteturnen! Rennfahrer sein und mit dem Motorrad im Wettkampf meine Runden drehen! Wandern! Skifahren! Klettern! Ich erinnere mich daran, was für ein leidenschaftlicher Bergsteiger und Skifahrer ich war. Wie ich wochenlang im Gebirge herumwanderte, egal ob Sommer oder Winter. Ich war ständig unterwegs. Selbst als Taxiunternehmer ließ ich es mir nicht nehmen, meine Arbeit wegen ausgedehnter Ausflüge, Skitouren und Kletterpartien zu unterbrechen. Mit Tränen in den Augen muss ich mir nun eingestehen, dass alles, was ich früher mit Begeisterung und großer Freude tat, heute nicht mehr möglich ist.

Meine Gedanken wandern weiter zurück in der Zeit. Ich sehe mich als Kind, das bei seinem Vater in der Werkstatt steht und jeden seiner Handgriffe neugierig verfolgt. Maler und Grafiker ist Papa gewesen. Ein großes Zeichentalent. Mit alten Druckverfahren brachte er so manches Kunstwerk auf Papier – schuf prachtvolle Speisekarten, Plakate, Bücher und Postkarten. Ganz besonders gefiel es mir, wenn Papa Fotos, die damals meist schwarz-weiß waren, kolorierte, also mit Farben versah und so aus einem grauen Etwas ein buntes Farbenspiel zauberte. Bei all diesen Erinnerungen wird mir ganz warm ums Herz. Wie oft hielt ich mich bei Papa in der Werkstatt auf. Wie gern habe ich ihm geholfen, wenn er mich darum bat. Ich habe tatsächlich vergessen, welch große Freude mir die Arbeit mit den Händen macht. Das könnte doch auch mit diesem Körper möglich sein. Vom Fenster her höre ich die Amseln jubilieren – so fröhlich, wie ich es gerade bin.

Zuversicht

»Bitte beantrage endlich deine Invalidenrente«, bekam ich nun schon zum wiederholten Male von Dolfi zu hören. War doch unsere finanzielle Lage äußerst angespannt. Doch etwas ganz tief in mir weigerte sich noch immer, mich als Invaliden zu sehen, selbst wenn ich mit meinen Krücken ganz und gar dem Bild eines solchen entsprach. Auch wenn es Dolfi äußerst unlogisch erschien – alles, absolut alles in mir sträubte sich, den Rentenantrag zu stellen und damit diesen hilfsbedürftigen Invaliden zu akzeptieren.

Inzwischen waren auch die beiden Mansardenzimmer im Obergeschoß notdürftig instandgesetzt und für wenige Groschen vermietet. Waren doch viele in der zerbombten Stadt auf der Suche nach einem Dach über dem Kopf und damit noch schlechter dran als wir. Diese kargen Einnahmen und die Lebensmittel, die uns Dolfis Schwester ab und zu aus dem Grazer Umland zukommen ließ, sollten dazu beitragen, dass zumindest für minimales Auskommen und Essen gesorgt war.

Ein wenig finanziellen Rückhalt gab mir mein vielgeliebtes Motorrad, mit dem ich meine Rennen gefahren war. Das schwere Teil hatte sich all die Jahre in einem Schuppen hinterm Haus befunden – gut zwischen Gerümpel versteckt und von den Russen unbemerkt. Es war der Nachhall einer Zeit, die ich nicht missen wollte. Und auch wenn es mir schwer fallen würde, im Notfall ließe es sich sicherlich gut zu Geld machen. Doch vielleicht würde ein Verkauf gar nicht nötig sein. Bei meinen gedanklichen Ausflügen in die Vergangenheit hatte ich mich an Hubert, einen Klassenkameraden, erinnert. Wenngleich mich mit ihm in der Schule kein sehr inniges Verhältnis verbunden hatte, könnte er doch für mich eine passende Arbeit haben. So machte ich mich im Frühjahr des Jahres 1946 in die Grazer Innenstadt auf, um vielleicht eine neue Zukunft zu beginnen. Ich wollte aus eigener Kraft das Leben meistern – und war mir sicher, dass dies möglich war.

Arbeit?

Irgendwie gelingt es mir, die hohe Stufe mit den Krücken zu erklimmen und ins Innere der Straßenbahn zu gelangen. Ich bleibe stehen und halte mich an einer Stange fest, was mir lieber ist, als mein steifes Bein zwischen die engen Holzsitze zu klemmen. Mit unangenehmem Gewackel und Gequietsche befördert mich das elektrische Gefährt vom Stadtrand immer weiter ins Zentrum. Ständig versucht es, mich aus dem Gleichgewicht zu bringen. Niemand von den anderen Fahrgästen nimmt Notiz von mir. Kriegsversehrte gehören inzwischen zum Alltag. Männer wie ich und solche, die es noch schlechter getroffen haben – denen Gliedmaßen fehlen, Hände oder Beine abgetrennt wurden –, prägen das Bild der Stadt.

Endlich, nach langer, holpriger Fahrt steige ich am Hauptplatz umständlich aus dem wackeligen Gefährt. Mithilfe meiner Krücken erreiche ich schwerfällig mein Ziel – ein reich verziertes, barockes Bürgerhaus. Seine geschwungenen Arkaden erlauben es, selbst bei Regen die Auslagen der hier untergebrachten Geschäfte in Ruhe zu bestaunen. Eines der Geschäfte ist mein Ziel. Der Souvenirladen, den Hubert, mein ehemaliger Klassenkamerad, hier schon seit geraumer Zeit betreibt. Mit gemischten Gefühlen betrete ich das Geschäft – habe ich Hubert doch das letzte Mal Jahre vor dem Krieg gesehen. Rechts vom Eingang steht ein langer, schmaler, etwa hüfthoher Holzkasten mit zahllosen Laden. Darüber finden sich, wie auch an den anderen Wänden, Regale, über und über mit Kitsch gefüllt. Da gibt es neben Schneekugeln, Postkarten und anderem Zeug auch Miniatur-Uhrtürme, die es Touristen erlauben, das Wahrzeichen der Stadt in unterschiedlichsten Größen und Ausschmückungsarten mit nach Hause zu nehmen. Andere Objekte werden von einem weißen Panther, dem Wappentier des Bundeslandes, geziert. Dominiert wird der Raum von einem übergroßen, hölzernen Ladentisch, der ebenso wie die Regale mit einer Fülle von Souvenirs beladen ist. An der hinteren Wand führt eine prunkvolle, gedrechselte Holzstiege nach eben zu einer halboffenen Tür, an der ein Schild mit der Aufschrift »Lager« befestigt ist.

Außer mir und all dem bunten Krimskrams um mich herum ist niemand im Geschäft. »Hallo, ist da jemand?«, rufe ich in den Raum. Von oben ist ein Rumoren zu hören, bis endlich ein Mann die steile Stiege nach unten kommt. Es ist Hubert. Er erkennt mich sofort. »Eduard, das ist ja eine Ewigkeit her.« Sein Blick fällt auf meine Krücken und er beginnt mich genauer zu mustern. Seine Augen bleiben an der tiefen Mulde in meiner Stirn hängen. Ich meine, Mitleid in seinem Gesicht zu erkennen. Ohne meinen Zustand anzusprechen, fragt er mich: »Was kann ich für dich tun?« Selbstbewusst bringe ich meine Idee vor: »Du weißt ja, dass ich schon in der Schule ein geschickter Bastler war. Vor allem die Arbeit mit Holz und das Malen …« Ich biete ihm an, ihn mit weiterem Kitsch zu versorgen, worauf er mir den Vorschlag unterbreitet: »Bring mir einige Proben deiner Arbeit. Dann werden wir weitersehen.«

Mein Nachhauseweg wird vom fröhlichen Gerüttel und Gequietsche der Straßenbahn begleitet, während ich mir in bunten Bildern bereits ausmale, was ich wohl alles für Hubert produzieren könnte.

Arbeit!

Obwohl das Geld äußerst knapp war, hatten wir es geschafft, ein paar Groschen für den Kauf roher Sperrholzplatten aufzubringen. Im ebenerdigen Keller war bereits ein Arbeitsplatz gerichtet, wo ich ungestört meinen Ideen freien Lauf lassen konnte. Die Fenster ließen nicht nur etwas Sonne in den niederen, düsteren Raum, sie gaben auch den Blick auf den grünen Garten hinter dem Haus frei, der sich mittlerweile von den Verwüstungen der Russen einigermaßen erholt hatte. Eine alte Laubsäge, die ich bereits seit meiner Schulzeit besaß, zerzauste Pinsel und Farbreste – auf viele farbbeschmierte Döschen verteilt, die ich von Vater und Freunden erhalten hatte – standen mir zur Verfügung. Und ich hatte auch schon eine Idee. Ich wollte Hubert richtig beeindrucken. Das Basteln konnte beginnen.

Eine der hellen Sperrholzplatten liegt auf meinem notdürftig zusammengezimmerten Arbeitstisch bereit. Neugierig stehen die Kinder um mich herum, während ich mit Bleistift die Umrisse diverser Gegenstände auf die Platte zeichne. Das Zeichnen fiel mir schon immer leicht. Wurde ich doch schon als kleiner Bub von meinem Vater, dem großen Zeichentalent, bei meinen ersten künstlerischen Gehversuchen unterstützt. Als die ganze Platte von einem Sammelsurium aus Konturen übersät ist, beginne ich, all die Formen fein säuberlich mit der Laubsäge aus der Platte zu schneiden. Trotz fehlendem Zeigefinger gelingt es mir erstaunlich gut. Da keine Schraubzwingen zum Einspannen vorhanden sind, übernehmen die Kinder voller Freude die Aufgabe dieses fehlenden Werkzeugs. Einmal halten Wolfgang und Maria, einmal Susi und Edith die Platte an den Seiten fest, während ich, so konzentriert wie nur möglich, meine Arbeit tue – bis mich erneut eine Ohnmacht am Weitermachen hindert.

Doch ich lasse mich nicht unterkriegen. Bereits am nächsten Tag sitze ich frühmorgens wieder beim Arbeitstisch. Nun kommen die Farbreste zum Einsatz. Mit zartem Pinselstrich versehe ich die ausgeschnittenen Holzteile mit Malereien. Später mache ich mich daran, alles zusammenzufügen, um schlussendlich meine filigrane Schöpfung mit einem selbst gemachten Rahmen zu versehen. Voller Stolz rufe ich die Kinder zu mir, um ihnen das kleine Kunstwerk zu präsentieren. Ein Kachelofen, ein Tisch, Geschirr, Sessel, ein Wasserkessel, ja sogar eine kleine Kuckucksuhr und noch vieles mehr, alles aus Holz gefertigt, sind da zu sehen. Ich habe ein fünf Zentimeter tiefes, dreidimensionales Holzbild geschaffen – eine bunte Bauernstube, mit allem, was dazugehört.

In den nächsten Tagen entstanden noch weitere dreidimensionale Bilder, die ich alle meinem Klassenkameraden verkaufen wollte. Immer wieder musste ich die Arbeit unterbrechen, weil mein Körper nach einer Pause verlangte. Doch bald war es so weit, dass ich meine Werke Hubert präsentieren konnte.

Demütigung

Heute muss ich mit nur einer Krücke vorlieb nehmen. Benötige ich doch die andere Hand, um den schweren Koffer, in den ich all meine Werke gepackt habe, zu tragen. Wolfgang, mein Sohn, der inzwischen schon sechs Jahre alt ist, darf mich begleiten. Für »Wolf«, wie wir ihn mittlerweile alle nennen, ist es ein kleines Abenteuer, mit in die Stadt zu fahren.

Mit nur einer Krücke zu gehen, ist für mich äußerst ungewohnt und verursacht mir im steifen Bein mehr Schmerzen als üblich. Die ersten paar hundert Meter hinunter zur Straßenbahn bin ich langsamer unterwegs als sonst. Nach eineinhalb Kilometern endlich bei der Haltestelle angekommen, habe ich mich bereits einigermaßen an die neue Art der Fortbewegung gewöhnt. Die Straßenbahn steht noch da. Ich sehe, wie der Schaffner unser Kommen bemerkt. Obwohl ich mich zu beeilen suche, gibt er das Zeichen zur Abfahrt. Vor unserer Nase fährt die fast leere Bahn davon. Unbändiger Ärger steigt heiß in mir hoch. »Das darf doch nicht wahr sein!«, schreie ich voller Wut, während ich den Koffer von meiner Hand auf den Boden gleiten lasse. Wolf greift nach meiner nun freien Hand, was mich nach und nach besänftigt.

Nach der schon gewohnt wackeligen Fahrt betrete ich mit Koffer und Wolf im Schlepptau Huberts Laden. Fürsorglich hat mir Wolf die Tür geöffnet. Hubert, der gerade mit einer Kundin beschäftigt ist, fordert uns wenig freundlich mit einer mürrischen Handbewegung auf, im Lager auf ihn zu warten. Offenbar hat er heute keinen guten Tag. Mühsam kämpfe ich mich die steile Treppe zum Lager empor. Koffer und Krücke machen das Vorhaben zu einem komplizierten Unterfangen. »Geht´s Papa?«, höre ich Wolf leise hinter mir fragen, während ich Stufe um Stufe ungelenk nach oben steige. »Geht schon«, antworte ich ebenso leise unter angestrengtem Atmen. Oben erwartet uns ein fensterloser Raum voller Holzkisten, gestapelter Schachteln und übervoller Regale. Hinter einem weiß gestrichenen Tisch stehen

Jutesäcke in Reih und Glied. Eine nackte Glühbirne erhellt den stickigen Raum mit mäßigem Erfolg. Während sich Hubert noch weiter mit der Kundin unterhält, verteile ich auf dem Tisch meine Arbeiten so vorteilhaft wie nur möglich.

Nach langem Warten erscheint Hubert endlich in der Tür. Grußlos kommt er an den Tisch. Mustert, was ich da aufgelegt habe. Bedrückende Stille. An seinem prüfenden Blick ist zu erkennen, dass ihm gefällt, was er zu sehen bekommt. Doch zu hören bekomme ich etwas ganz anderes. »Da habe ich schon Besseres gesehen. Auf den ersten Blick wirken die Dinger ja ganz nett, aber …«, schimpft er laut vor sich hin. Das ist keine objektive Bewertung der aufwendig gearbeiteten Stücke, sondern vielmehr ein Niedermachen meiner Arbeit – mit dem offensichtlichen Zweck, die Bezahlung so niedrig wie möglich zu halten. Er kann ja sicherlich erahnen, wie angespannt unsere Lage ist. Unsere armselige, abgetragene Kleidung, mein Ansinnen, ihm zu Diensten zu sein, meine bemitleidenswerte Erscheinung. All das zeigt ihm deutlich, in welch mächtiger Position er sich befindet.

Ich sehe Wolfs betroffenes Gesicht. Ihm gefällt es gar nicht, wie sein Vater hier behandelt wird. Doch ich mache gute Miene zum bösen Spiel. Kämpfe nicht gegen all die Unfreundlichkeiten an. Bezwinge meinen Ärger, so gut ich kann. Ignoriere die Geringschätzung meiner Leistung – und akzeptiere letztendlich den kargen Lohn, den Hubert für all die guten Stücke bietet.

Routine

Noch viele der kleinen Kunstwerke wurden in den nächsten Monaten von mir erschaffen. Auch wenn sie sich gut zu verkaufen schienen, wurden sie von Hubert auch weiterhin schlecht bezahlt. Die regelmäßigen Einnahmen reichten immerhin, um uns am Leben zu erhalten. Mit nur einer Krücke zu gehen behielt ich bei. Begab ich mich ja jetzt immer wieder mit vollgepacktem Koffer in die Stadt, um Hubert zu beliefern. Überdies wusste ich diesen Fortschritt sehr zu schätzen. Gab es mir doch ein wenig von der wunderbaren Freiheit zurück, die früher so normal für mich gewesen war.

Es dauerte nicht lange, bis die Freude, welche die Produktion der dreidimensionalen Holzbilder in mir ausgelöst hatte, zu schwinden, die Beschäftigung mit dem immer Gleichen mich zu langweilen begann. So erweiterte ich mein Programm. Nun entstanden auch Schlüsselanhänger, Uhrtürme, Holzkassetten, bemalt mit Motiven der Stadt, und vieles mehr in meiner kleinen Werkstatt. Alles fand in Huberts Laden Käufer – oftmals waren es Besatzungssoldaten, die ihre Dienstzeit in Graz beendet hatten und ihren Heimweg keinesfalls ohne ein Andenken an diese schöne Stadt antreten wollten.

Doch auch die neuen Basteleien vermochten nicht, die Freude allzulang in meinem Leben zu halten, mir die Erfüllung zu bringen, die ich mir von meinem Tun erwartet hatte. Eine alte, kaputte Nähmaschine, die schon seit Jahren vergessen im Keller lag, sollte Abhilfe schaffen. Das rostige, verstaubte Ding brachte mich auf eine Idee. Und Leo, der technikbegeisterte blaublütige Freund, half mir dabei, alles in die Tat umzusetzen. Ganze drei Wochen sollte es dauern, bis es uns gelang, aus Teilen dieser Nähmaschine, einer wurmstichigen Hobelbank, die ebenso in unserem Keller dahinmoderte, einem betagten Elektromotor, den Leo in seiner Garage gefunden hatte, und einigen anderen teils gefundenen Eisenteilen eine improvisierte und doch voll funktionstüchtige Drechselbank zu konstruieren. Nun war es mir möglich, aus einem rohen Holzblock edle Teller, ansprechende

Kerzenständer, praktische Schüsseln, Dosen und Becher hervorzubringen, was selbst bei Hubert für Anerkennung sorgte. Ich weiß nicht mehr, wie viele Ornamente, weiße Panther und Grazer Ansichten ich über Monate hinweg auf all das gedrechselte Holz pinselte. Ich war richtig glücklich, endlich wieder eine neue Aufgabe zu haben.

Teller aus dicht gewachsenem Lindenholz; eine der ersten Drechselarbeiten, 1946

Obwohl die beiden großen Granatsplitter im Kopf und beim Herzen noch immer mein Leben bedrohten, wurde meine Arbeit mittlerweile nicht mehr so oft von Ohnmachtsanfällen gestoppt. Auch die Tage, die ich im Bett verbringen musste, wurden langsam weniger und ebenso ließen die Schmerzen, die ich beim Gehen mit der Krücke verspürte, ein wenig nach. Jede noch so kleine Besserung registrierte ich mit großer Freude. Mein Körper schien sich in winzigen Schritten von all der Qual zu erholen, die er die letzten Jahre zu ertragen hatte. Mittlerweile kamen auch die vielen kleinen Granatsplitter, die in meinen Körper eingedrungen waren, zum Vorschein. Vor allem mein Rücken war inzwischen von unzähligen, winzig kleinen, blassbläulichen Pünktchen übersät. Millimeterkleine metallene Späne hatten begonnen, an die Hautoberfläche vorzudringen, wo sie leicht zu entfernen waren. Von nun an sollte über lange Zeit das immer gleiche Abendritual stattfinden: Ich setze mich mit nacktem Oberkörper an die Bettkante, wende Dolfi den von blauen Fleckchen übersäten Rücken zu und sie versucht mit einer Pinzette in der Hand all jene Teilchen, die schon an die Oberfläche gekommen sind, zu beseitigen. So werde ich im Laufe der Zeit immer mehr von der Last des Krieges los. Wäre es doch nur so einfach, auch die dazugehörigen Erinnerungen zu entfernen.

Umdenken

1948 – bereits zwei Jahre waren vergangen, seit ich Hubert um Hilfe gebeten hatte. Wir hatten es zwar geschafft, aus eigener Kraft zu überleben. Trotzdem bekam ich wieder öfter von Dolfi zu hören: »Bitte beantrage doch endlich deine Invalidenrente.« Denn obwohl selbst Hubert inzwischen die Qualität meiner Arbeit zu schätzen wusste, änderte dies nichts an der schlechten Bezahlung. Mein altes Motorrad war bereits verkauft, das dafür erhaltene Geld verbraucht und mit den Basteleien und Mieteinnahmen konnten wir uns gerade so über Wasser halten. Ich wollte meinen Lieben jedoch mehr bieten als nur das bloße Überleben. Außerdem wurden auch die Drechselarbeiten in kürzester Zeit zur ungeliebten Routine, was wiederum meine Lebensfreude minderte. Nur das Malen der Grazer Ansichten, das Festhalten eines Augenblicks, verbunden mit dem Spiel der Farben, machte mir stets Freude.

Neurologen, Internisten und Orthopäden beäugten mich. Ließen kühle Instrumente über meinen deformierten Körper gleiten. Ergriffen das steife Bein, tasteten, drückten, schauten, fragten, notierten, klassifizierten – alles, um ein Urteil zu fällen. Kurz danach hielt ich ein amtliches Papier in Händen. »Höchste Invalidenstufe« war darauf vermerkt. Lange hatte ich mich dagegen gewehrt, mich geweigert, hatte krampfhaft den Invaliden, der ich war, geleugnet, hatte gehofft und wie besessen gearbeitet. Doch ich vermochte diesen Kampf gegen mich selbst nicht weiter auf Kosten meiner Lieben auszutragen. Die andauernde finanzielle Unsicherheit, aber auch die mangelnde Freude an meinem Tun wiesen mir den Weg. Eine bescheidene Rente würde ab jetzt Sicherheit geben. Doch meine Hände in den Schoß legen wollte ich deshalb nicht. Vielmehr fasste ich den Entschluss, meinem Leben einen neuen Sinn zu verleihen.

Gut gelaunt sitze ich da. Ein leeres weißes Blatt vor mir. Vom Zwang zur Bastelei und damit auch von Hubert befreit, ziehe ich mit meinem Stift die ersten Linien auf dem Papier. Die pure Freude am Tun leitet meine Hand. Bin zuerst unzufrieden mit dem, was da entsteht. Wiederhole mein Tun. So lange, bis ich mit dem Ergebnis zufrieden bin. Vergesse immer öfter Raum und Zeit, bin ganz in meinem Element und glücklich. Wechsle das Werkzeug, probiere aus, taste mich weiter, experimentiere – monatelang. Kugelschreiber und Bleistift, Kohle und Rötel[3], Wasserfarben und Öl. Will herausfinden, was mir möglich ist. Blumen, Landschaften, Gebäude, Tiere, Menschen – alles wird von mir auf Papier und Leinwand gebracht.

FOTO: MARKUS SCHUSTER

3 Rote Kreide.

Was ich zum Maler benötigte, aber noch nicht zu beherrschen imstande war, eignete ich mir an. Ich wollte lernen, üben, besser werden und bemerkte dabei, wie gut es mir tat, mich über längere Zeit mit all dem zu beschäftigen, was mir wirklich Freude machte. Die Dämonen des Krieges verfolgten mich zwar immer noch – unruhiger Schlaf, Albträume, schreckliche Erinnerungen. Doch die Ohnmachtsanfälle gingen bereits stark zurück und mein Nervenkostüm wurde bereits belastbarer und stabiler. Die Freude am Malen verlieh meinem Körper Kraft zum Leben.

Um mich nicht vergessen zu lassen, wie gut es mir schon ging, machte Dolfi einen schmuddeligen Zettel an der Küchentür fest. Es war ein Brief. Diesen hatte ihr das Lazarett in Russland unmittelbar nach meiner Einlieferung vor vier Jahren zukommen lassen. Dolfi hatte einen Satz rot unterstrichen: »Selbst wenn Ihr Gatte aus dem Koma erwachen sollte, hat er nur eine Überlebenschance von wenigen Wochen.« Ja! Es war ein Wunder, noch am Leben und hier zu sein.

Papa

»Eduard, das hast du gut gemacht. Vor allem die Perspektive ...« Papa, dem ich als Kind so gern beim Malen zugesehen hatte, fand große Freude daran, meine Arbeiten mit mir zu besprechen. Er war voll des Lobes und ich war stolz darauf, von ihm, dem großen Zeichentalent, so viel Bestätigung zu erhalten. Was für ein Unterschied zu Hubert, der erst nach viel zu langer Zeit meine Basteleien zu schätzen wusste. Ich war mittlerweile über vierzig und schien jetzt meine Berufung gefunden zu haben.

»Das gefällt mir. Können wir das in der großen Stube aufhängen?«, fragte Dolfi, während sie auf eine verschneite, weitläufige Berglandschaft zeigte. Nicht nur meinem Vater, auch ihr schienen die Bilder zu gefallen. Ich genoss es, zu sehen, wie ich mit meinem Tun nicht nur mir, sondern auch meiner Umgebung Freude zu bereiten vermochte. Sogar mit Kaufanfragen war ich konfrontiert. Doch trennen wollte ich mich von meinen Schöpfungen nicht. Viel zu sehr fand ich selbst Gefallen daran, sie immer wieder in aller Stille zu betrachten. Nur ab und zu konnte ich überredet werden, eines der Werke zu verkaufen – was unsere finanzielle Lage weiter entspannte.

So konnte Silvester 1948 erstmals nach vielen Jahren wieder zu einem echten Freudenfest für uns alle werden. Dolfi, die Kinder und ich, wir alle hatten uns herausgeputzt. Mit Müh und Not vermochten wir mit dem alten Kachelofen die große Stube zu beheizen, während es in den anderen Zimmern mangels einer ordentlichen Heizung auch an diesem Tag unangenehm kalt blieb. Mama und Papa, Dolfis jüngere Schwester Irma, die uns vor Jahren in ihrem Winzerhaus so großzügig Unterschlupf gewährt hatte, und einige gute Freunde aus der Nachbarschaft – alle waren sie gekommen. Selbst Dolfis ältere Schwester Emma, die als Ordensfrau in einem Konvent ihr Leben verbrachte, war da. Es wurden würzige Vis-Brötchen[4] gereicht, süf-

---

4 Vis = ein günstig herzustellender, nahrhafter Brotaufstrich auf Bierhefebasis mit würzigen Zutaten.

figer Wein und Traubensaft, während Dolfi am Piano für Stimmung sorgte. Auch ich – der ich bereits als Kind Geige spielen lernte – ließ es mir nicht nehmen, nach Jahren wieder zum Instrument zu greifen. Viel zu lange hatte unser Haus ohne diese freudvollen Töne auskommen müssen. Wir lachten, scherzten und erzählten ausgelassen Geschichten aus früheren Tagen. Es war spürbar, dass am Rosenberg wieder Zuversicht und Lebensfreude, die in den dunklen Jahren gänzlich abhanden gekommen waren, Einzug hielten.

Plötzlich beginnt sich Papas Gesicht zu verändern. Er scheint Schmerzen zu haben, greift sich an die Rippen. Das Atmen fällt ihm schwer. Bevor wir aufspringen können, um ihm zu helfen, sackt er leblos zusammen. Dolfi schnellt hoch, wirft sich im Vorraum einen Mantel über. Stürzt aus dem Haus. Wenige Minuten später ist sie wieder da, mit einem benachbarten Arzt im Schlepptau, der einige Häuser weiter gefeiert hat. Voller Angst stehen wir an der Couch, auf die wir Papa mittlerweile gebettet haben. »Er ist tot«, höre ich den Arzt leise sagen, während ich mit Tränen in den Augen den Arm um meine fassungslose Mutter lege.

Mama

Es war für uns alle schwer zu fassen, dass Papa nicht mehr war. Viel zu früh, mit 69 Jahren, war er von uns gegangen. Ich hatte nicht nur einen herzensguten, fürsorglichen Vater und liebevollen Freund verloren, sondern auch einen kompetenten Gesprächspartner, mit dem ich mich so angeregt über Kunst unterhalten konnte. Fast jedes Wochenende hatten wir uns bis zuletzt gesehen – trotz der steilen Straße, die Mama und Papa von der Straßenbahnhaltestelle bis hier oben zu überwinden hatten. Doch das nahmen sie gern in Kauf, um mit den Enkelkindern zu spielen, sich mit uns auszutauschen oder einfach nur da zu sein. Wenn sie dann zu später Stunde den Weg nach unten nahmen, standen wir aufgereiht am Fenster und winkten ausgelassen, bis sie nicht mehr zu sehen waren.

Meine Mutter litt sehr unter dem plötzlichen Verlust ihres Gefährten, der ihr mehr als fünfzig Jahre liebevoll zur Seite gestanden war. Am Tag seiner Beerdigung schaffte sie es kaum aus dem Bett. Noch bevor Papas Sarg, begleitet von Trauermusik, in die Erde versenkt worden war, kippte sie plötzlich vor aller Augen ohnmächtig um. Schlaganfall – ihr rechter Arm war gelähmt, ihr Sprachzentrum gestört. Grund genug, sie zu uns auf den Rosenberg zu holen. Und Gelegenheit, ihr ein wenig von der Liebe, die sie der ganzen Familie entgegengebracht hatte, zurückzugeben. Bald sollte die Lähmung ihres Armes verschwunden sein, was Hoffnung machte. Ärzte empfahlen ein Medikament, das die Störungen im Gehirn reduzieren könnte. Doch das war teuer und unsere Mittel begrenzt. Erst nachdem wir einen weiteren Untermieter, diesmal in einem ebenerdigen Kellerzimmer, gleich neben meiner Werkstatt, einquartiert hatten, konnte das Präparat gekauft werden.

Von nun an setzte ich mich jeden Abend mit Mama an den Wohnzimmertisch, um mit ihr einzelne Buchstaben, die ich vor ihr auf ein Blatt Papier schrieb, sprechen zu lernen. Doch die Erfolge ließen zu wünschen übrig. Nach vielen Monaten des Übens und trotz der Einnahme des angepriesenen Medikaments mussten wir wohl akzeptieren, dass an den Tatsachen nichts mehr zu ändern war. Es tat mir ihm Herzen weh zu erleben, wie Mama, deren Verstand völlig klar funktionierte, sich immer wieder maßlos darüber ärgerte, dass ihr die richtigen Wörter abhanden gekommen waren. Die Kinder jedoch behandelten ihre Großmutter nicht anders als zuvor. Sie spielten und scherzten mit ihr und fanden es besonders lustig, wenn Mama – weil es ihr nicht anders möglich war – statt Blumenstock »Fetschitoni« sagte. Wenn die Kleinen dann herzhaft lachten, lachte Mama, angesteckt vom Kinderlachen, am lautesten mit. Bald übernahmen wir alle Mamas Sprache, sodass es für uns am Rosenberg selbstverständlich wurde, dass »Frittszi« der Tisch, »Tschama« unser Hund und »Fetschitoni« eben der Blumenstock war.

Lichtblick

Papas unerwarteter Tod, aber auch Mamas Leid tagtäglich beobachten zu müssen machten mir schwer zu schaffen. Wenn Schmerz und Trauer zu stark wurden, nahm ich ein Blatt zur Hand und begann zu malen. Das half mir über die trübe Stimmung hinweg. Nur meine grauenvollen Erinnerungen an Granaten, Blut und Tod bekam ich damit nicht in den Griff. Trotzdem war ich froh, mit der Malerei ein Mittel gefunden zu haben, mir den Alltag erträglicher zu machen. Und einen weiteren Lichtblick gab es in meinem Leben. Meine noch verbliebene Krücke war seit Kurzem nicht mehr notwendig, weil nun ein orthopädischer Schuh meinem Bein Halt gab. Mein geschundenes Bein hatte sich mittlerweile so weit erholt, dass dies möglich war.

Da das rechte Bein aufgrund der Verwundung kürzer war als das linke, musste der Schuh mit einer hohen Plateausohle versehen werden. Das war zwar nicht besonders schön anzusehen. Doch was ist schon der Anblick eines klobigen Schuhs gegen das erlösende Gefühl, beide Hände frei zu haben? Auch zwei metallene Schienen waren an dem Schuh links und rechts montiert. Sie reichten mir bis übers nicht vorhandene Knie, wo sie mit Riemen befestigt wurden, um das steife, jedoch schwache Bein zu stützen. Auf Höhe des Fußgelenks war ein Scharnier angebracht, was das Gehen erleichtern sollte und das mit einem leisen Quietschen meiner Umgebung ab jetzt stets mitteilte, wo ich mich gerade befand. Doch mich selbst störte das Geräusch ganz und gar nicht, da sich jetzt mein schlechtes Gehör durchaus als Vorteil erwies!

Es dauerte einige Tage, bis ich den idealen Ablauf beim Gehen gefunden und mich an die neue Bewegung gewöhnt hatte. – »Das rechte, steife Bein seitlich ausladend bewegen, dabei einen Halbkreis nach außen beschreiben, das gesunde Bein nachsetzen. Wieder Halbkreis nach außen, gesundes Bein folgen lassen.« – So konnte ich mich schnell und flüssig fortbewegen. Selbst die zehn steilen Stufen ins Haus ließen sich damit bequem überwinden. Ich fühlte mich selbstständiger als je zuvor.

Geburt

Mittlerweile waren wir in den 1950er-Jahren und für mich hatte ein neuer Lebensabschnitt begonnen. Ich konnte mich mithilfe des orthopädischen Schuhs wieder frei bewegen, was ich so sehr zu schätzen wusste, wie es sich ein Mensch mit zwei gesunden Beinen gar nicht vorstellen kann. Dieser körperliche Fortschritt löste echte Aufbruchstimmung in mir aus. Ich war dazu bereit, ein neues Leben zu leben: Der Invalide Eduard Rindler wurde als der Künstler »Eduard Hänggi« neu geboren. Denn ab jetzt wollte ich den Nachnamen »Hänggi« meines Großvaters tragen, der mit Vornamen ebenfalls Eduard hieß. Er hatte als Musiker und Schriftsteller im schweizerischen Bern gelebt. Bereits als Kind hatte ich neugierig in seinen kunstvoll gestalteten Büchern geblättert und gelesen. Leider war es mir nicht vergönnt gewesen, ihm zu begegnen und zu erfahren, was für ein Mensch er gewesen war, denn er war bereits vor meiner Geburt verstorben. Er, der seine Erfüllung in der Mundartdichtung gefunden hatte, sollte ab jetzt mit seinem Namen mein ständiger Begleiter sein.

Ich – Eduard Hänggi – habe große Lust, mich auf Neues einzulassen, zu experimentieren, zu spielen, mich freudvoll auszudrücken, meine Welt bunt, farbenprächtig und lebensbejahend zu erschaffen. Voller Freude lasse ich das Rot vom Pinsel tropfen. Füge gelbe Kleckse hinzu. Erlaube auch helles Blau auf dem vorbereiteten Blatt. Nichts darstellen, nur an den Farben erfreuen will ich mich. Ich genieße es, das erste Mal völlig formlos mit den Farben zu spielen, abstrakt statt gegenständlich zu sein.

Plötzlich geht es draußen wild zu. Lautes Gebell. Ein gellender Schuss, der üble Erinnerungen an den Krieg hochkommen lässt. Ich springe hoch. Will Nachschau halten. Eile mit ungutem Gefühl nach draußen und bekomme Groteskes zu sehen. Ein uniformierter Polizist, der den Hinweis »Achtung scharfer Hund« ignoriert zu haben scheint und unser Grundstück mit forschem Schritt betreten hat,

FOTO: MARKUS SCHUSTER

flüchtet mit zerrissener Hose über den brusthohen Zaun. Aschfahl steht er nun auf der anderen Seite, während Terra ihm mit wütendem Gebell zu verstehen gibt, dass niemand ohne ihre Zustimmung einen Fuß auf unser Grundstück zu setzen hat. »Können Sie nicht lesen?! Haben Sie keine Augen im Kopf?! Was fällt Ihnen ein, ohne anzuläuten ...« Ich bin außer mir. Vor mich hinbrüllend stürze ich auf den armen Mann zu, dem es die Sprache verschlagen hat.

Bald stellte sich heraus, dass der Gute auf der Suche nach Zeugen war. In einem Nachbarhaus war eingebrochen worden. Ohne die Warnung vor dem Hund zu beachten, öffnete er das Gartentor und ging schnurstracks auf das Haus zu. Zumindest war das seine Absicht. In der Annahme, eine Respektsperson zu sein, hatte er das Schild ignoriert. Doch Terra sah keine Respektsperson in ihrem Revier. Sondern nur einen Mann in Uniform, die diesem Sicherheit geben sollte, bei Terra jedoch genau das Gegenteil zu bewirken vermochte. Wahrscheinlich hatte sie während des Krieges eine unangenehme Erfahrung mit Uniformierten gemacht. Blitzschnell fasste Terra, die normalerweise Besuchern in Zivil mit freudigem Schwanzwedeln entgegenlief, den Polizisten am Hosenbein und stoppte jäh seinen Schritt. Reflexartig griff dieser zur Waffe, wollte den Hund abwehren. Terra schien die mörderische Absicht zu ahnen. Ohne den Biss am Hosenbein zu lockern, machte sie einen Sprung nach hinten, was den großen Mann zu Boden warf, wobei sich ein Schuss aus seiner Waffe löste. Terra war kurz irritiert und ließ los. Der Überrumpelte nutzte die Gelegenheit, um sich schleunigst in Sicherheit zu bringen.

Wochen später fügte ich dem abstrakten Bild, das ich an diesem Tag geschaffen hatte, noch kleine schwarze Kleckse hinzu – eine heimliche Erinnerung an diesen Tag, an dem ich, wie sich herausstellen sollte, das letzte Mal so unkontrolliert aufbrausend gewesen war. Ich war nervlich tatsächlich wieder so stabil wie vor dem Krieg.

Venedig

1955. Während in Wien der Staatsvertrag unterzeichnet und Österreich zu einem freien Land wurde, war ich gerade dabei, meine erste Ausstellung vorzubereiten. Ich hatte mittlerweile unzählige Bücher über Kunst gelesen – über Techniken, die alten Meister, deren Leben und Wirken, hatte meine eigenen Fähigkeiten erweitert und viel experimentiert und ausprobiert. Die Kunst des Holzschnitts[5] gehörte mittlerweile ebenso zu meinem Repertoire wie die Fertigkeit, ansprechende Lithografien[6] zu schaffen – wobei sich die Zeit, die ich als Kind bei Papa in der Werkstatt war, als sehr hilfreich erweisen sollte. Es war wie ein Rausch. Ich interessierte mich für alles, was nur annähernd mit Kunst in Verbindung stand. Beim Malen wechselte ich zwischen abstrakten Darstellungen und der Abbildung realer Motive stetig hin und her. Beides machte mir enormen Spaß. Nach Lust und Laune verwendete ich einmal meinen bürgerlichen, ein andermal meinen Künstlernamen als Signatur. Es sollte noch ein wenig dauern, bis ich mich an den Hänggi gewöhnt und dieser endgültig den Platz des bürgerlichen Rindler eingenommen hatte.

Neben Dolfi, der Vertrauten an meiner Seite, hatte es mir mittlerweile auch eine andere Schönheit angetan. Venedig! Ein Buch über venezianische Malerei hatte mein Interesse an dieser wunderbaren Stadt geweckt, ein dicker Bildband den Rest besorgt: Ich war verliebt! Verliebt in die engen, romantischen Gassen, weitläufigen Plätze und kunstvoll gestalteten Gebäude. Verliebt in die Atmosphäre dieser Stadt. Dort wollte ich hin, mit Stift und Zeichenblock bewaffnet.

Ein betagtes, schwarz lackiertes Moped sollte mich an den Ort meiner Sehnsucht bringen. Ich konnte das alte Blech – fast fünfzig Kubikzentimeter, zwei ganze Pferdestärken – günstig erwerben.

5 Holzschnitt: Ist eine der ältesten Drucktechniken. Ein Bild wird spiegelverkehrt mit einem Schneidemesser aus einer Holzplatte geschnitten, die erhabenen Stellen eingefärbt und mit Hand oder Presse auf Papier gedruckt.

6 Lithografie: Ist ein weiteres altes Druckverfahren.

Schnell war ein kurzes Stück Dachrinne zurechtgemacht, um am neuen Gefährt montiert zu werden. Bequem würde ich mein steifes Bein darin ablegen können. Eine selbst geschneiderte Jacke und Hose aus besonders starkem Stoff, ein schwarzer Ledermantel und eine lederne Fliegerkappe – beide am Flohmarkt erstanden – bildeten neben einem kleinen braunen Koffer meine Wegbegleiter.

Dolfi, der mein Enthusiasmus gefällt, verabschiedet mich mit einem dicken Kuss. Mama und die Kinder umarmen mich zärtlich. Mit lautem Geknatter verlasse ich frühmorgens den Rosenberg. Ein neues Abenteuer beginnt. Graz – Wolfsberg – Klagenfurt – Villach – Arnoldstein. Nach mehr als sieben Stunden erreiche ich die Staatsgrenze bei Tarvis. Es ist mittlerweile 15.00 Uhr. Nach ausgiebiger Rast leitet mich das Kanaltal mit seinen zahlreichen Tunneln, Brücken und Viadukten immer weiter in den Süden. In einem windschiefen Heuschober lege ich mich ins trockene Stroh. Doch ich kann keinen Schlaf finden. Es treibt mich vorwärts. Weiter geht es durch die Ebene Friauls. Udine – Portogruaro – Venedig. Um 21.00 Uhr erreiche ich im Dämmerlicht endlich mein Ziel. Mehr als vierzehn Stunden hatte ich im Sattel verbracht. In einer gemütlichen Pension falle ich in einen tiefen, erholsamen Schlaf.

Die nächsten Tage flaniere ich neugierig durch die verwinkelte Stadt. Skizzenblock und Stift immer dabei. Eine Brücke über einen Kanal. Ein stuckverzierter Palazzo. Ein belebter Fischmarkt. Ein verwunschener Garten. Gondolieri, die gerade Pause machen. Enge Gassen, Wäsche, zum Trocknen draußen gelassen. Kirchen. Plätze, mit Menschen gefüllt. Denkmäler und Steinfiguren. Alles wird von mir eingefangen und zu Hause in Öl, Kohle und Tusche verwandelt.

Noch im selben Jahr wurden einige meiner Werke in einer Ausstellung in Graz – gemeinsam mit Arbeiten anderer behinderter Künstler – gezeigt. In einem Ecksaal des Joanneums, eines altehrwürdigen Museums, das von Erzherzog Johann gegründet wurde, durften wir unser Können präsentieren.

FOTO: MARKUS SCHUSTER

»Maskenball«

»Besonders fällt Eduard Rindler auf. Mit vielseitigen Techniken präsentiert sich der Autodidakt, der moderne Wege geht und dabei interessante Lösungen findet.«

Das und Ähnliches schrieben Kunstkritiker[7] danach über mich. Dies sollte das letzte Mal in meinem Leben sein, dass ich als Eduard Rindler in Erscheinung trat. Bereits Monate später stellte ich allein im Joanneum aus – jedes Bild mit »Hänggi« signiert.[8]

7 Neue Zeit, 6. 12. 1955; Kleine Zeitung, 7. 12. 1955; Südost-Tagespost, 18. 12. 1955.

8 1957 – der Autor und Kulturjournalist Prof. Dr. Heribert Schwarzbauer (1922–2009) wird bei dieser Ausstellung zum lebenslangen »Fan« von Hänggis Arbeit, den er in seinen Artikeln als »Magier vom Rosenberg« bezeichnet.

Die dritte Dimension

Bluttriefend stehe ich da. Es ist düster. Ich bin von fauligem Gestank umgeben. Immer wieder wird das Dunkel von grellen Blitzen durchbrochen, die das Schreckliche für Bruchteile von Sekunden sichtbar machen. Verzerrte Fratzen. Ihre Körper in Uniform, unnatürlich verrenkt. Ein ohrenbetäubender Knall. Verschwitzt schrecke ich hoch. Liege verkrampft in meinem Bett. Eine zärtliche Hand auf meiner Schulter. »Eduard. Alles ist gut. Du bist in Sicherheit.« Dolfis Stimme beruhigt mich.

Die Dämonen des Krieges verfolgten mich immer noch. Die Albträume waren zwar weniger geworden, aber sie waren noch da. Ich hatte inzwischen jedoch einen Weg gefunden, wie ich diesen dunklen Wegbegleitern Paroli bieten konnte: die abstrakte Malerei. Schreckte ich einmal wieder aus einem der düsteren Träume auf, bot ich ihnen keine Gelegenheit mehr, mich den restlichen Tag weiter gefangen zu halten.

Ich stehe auf und beginne zu malen. Keine Landschaften, keine Menschen, nichts, was sofort erkennbar ist. Vielmehr male ich wild. Lasse mein Inneres mein Werkzeug führen. Dränge so all das Schreckliche aus mir hinaus. Wechsle mehrmals den Stift, beginne, das Unerträgliche über ihn abzuleiten. Ein Sog zieht die Farben auf das Blatt. Undefinierbare Formen, die als Splitter das Papier erreichen und die grausige Erinnerung zum Schweigen bringen. Ich fühle mich befreit. Es geht mir richtig gut. Im abstrakten Malen habe ich das bisher beste Mittel gefunden, den düsteren Erinnerungen, die immer wieder spontan die Gegenwart zu verdunkeln drohen, entgegenzutreten.

Immer wieder musste ich an die abstrakten Formen, die Splitter, die ich schon mehrmals zu Papier brachte, denken. Sie waren so real wie die Granatsplitter, die ich in mir trug. Irgendwo hatte ich sie schon einmal gesehen. Nicht im Krieg. Es musste woanders gewesen sein. Ich zermarterte mir den Kopf. Keine Idee. Beim Mittagessen

FOTO: THOMAS FISCHER

plötzlich – eine flüchtige Erinnerung an meine Bastelzeit. Ja, es war auf der wurmstichigen Hobelbank, die damals zur improvisierten Drechselbank geworden ist. Da lagen einige Eisenteile, die für nichts zu gebrauchen waren. Achtlos hatte ich sie damals zur Seite gelegt. Ich springe plötzlich auf. Dolfi und die Kinder schauen mich erstaunt an. »Ich muss nur schnell was nachschauen.« »Ist schon gut«, höre ich Dolfi noch sagen, während ich schon am Weg zum Keller bin. Tatsächlich. Da sind sie. Große Eisenstücke. Verstaubt. Angerostet. Fast so geformt, wie die bizarren Splitter, die ich zu Papier gebracht habe.

Wochen später in der Werkstatt. Die Tür nach draußen ist weit geöffnet, soll dem sonnigen Tag Einlass gewähren. Doch noch kann ich diesen Tag kaum genießen. Seit Minuten blitzen diabolische Szenen wild durch meinen Kopf. Die düsteren Gedanken haben mich nach Langem wieder einmal im Griff. Eine dunkle Sonnenbrille lässt meine Augen auch die reale Welt düsterer sehen. Nicht als Schutz vor der Sonne trage ich sie im Gesicht. Vielmehr soll sie meine Augen vor dem gleißenden Licht schützen, das ich gleich entfachen werde. Alte Mauerziegel bedecken – dicht an dicht – die Platte des Tisches, wo noch Jahre zuvor meine Basteleien entstanden. Die tönernen Quader sollen verhindern, dass das Holz Schaden nimmt. Neben mir ein Sessel mit den Eisenteilen. Wie überdimensionale Granatsplitter wirken sie jetzt auf mich. Zwei davon suche ich aus. Probiere, wie sie zusammenpassen. Finde bald die beste Position. Eine metallene Klemme hält die schweren Teile an ihrem Platz. Nun nehme ich einen Schweißbrenner zur Hand, drehe an einem kleinen Rad, bis ein Zischen ertönt. Ein Zündholz hin zum gefährlichen Gemisch. Eine Stichflamme, die gleich zum Helfer meines Willens wird.

Die letzten Wochen hatte ich genutzt. Denn Schweißen[9] musste ich erst lernen, auch wenn ich schon fünfzig war. Nicht nur mit

---

9 Hänggi arbeitete (bis zuletzt) mit einem Karbidschweißgerät. Dabei handelt es sich um eine heute nicht mehr gebräuchliche Schweißmethode, wo durch chemische Reaktion von Karbidsteinen mit Wasser das hochexplosive Gas Azetylen entsteht.

Pinsel und Stift, auch die Arbeit mit Metall wollte ich beherrschen, wollte es dauerhaft verbinden, wie ich es für richtig hielt.

Neugierig wie ein Kind blicke ich auf das von mir verbundene Metall. Drehe und wende es. Füge ein weiteres Stück mit der Flamme hinzu. So lange, bis ich zufrieden bin. Schnell ist noch ein Holzsockel angebracht. Nun ist es fertig, das neu geschaffene Objekt. Es hat den Anschein, als stünden die Splitter, die noch immer in mir sind, nun stark vergrößert vor mir auf dem Tisch. Bei ihrem Anblick empfinde ich ein Gefühl innerer Ruhe. Ich fühle mich richtig befreit.

Dies war nicht nur das erste Mal, dass ich eine stählerne Skulptur schuf, die fast wie von selbst aus mir nach außen drang. Sondern ich konnte auch spüren, wie dabei die dunklen Gedanken immer mehr zu verblassen begannen. Vor Wochen erst hatte ich entdeckt, wie gut abstraktes Malen das Grauen aus meinem Kopf ziehen konnte. Nun war ein weiteres Mittel gefunden, das nicht nur enormen Spaß machte, sondern mir ebenso eine große Hilfe war.

Freude

»Herr Rindler? Sind Sie es wirklich?« Ich blickte in ein erstauntes Gesicht. Auch wenn er inzwischen um fast fünfzehn Jahre älter war und keinen weißen Kittel trug, erkannte ich den kleinen Mann mit Nickelbrille sofort. Es war der Arzt, der mir im Lazarett zur Freude geraten hatte. Der Mann, dessen Rat mein Leben so verändert hatte. »Kaum jemand hätte damit gerechnet, dass Sie das Kriegsende überleben würden. Und nun stehen Sie da vor mir in voller Lebensgröße.« Wie erfreut er doch war, mich zu sehen. Meine Freude darüber, ihm begegnet zu sein, war nicht geringer. Ich hatte ja so gehofft, dass auch er die letzten Kriegsmonate mit all den Bombenangriffen auf Graz überlebt hatte. Wenig später saßen wir gemeinsam in einem gemütlichen Café. Hier erfuhr er, dass ich nun ein Künstler war. Dass ich tatsächlich glücklich war und mein neues Tun genoss. Dass ich oft an ihn und seinen Ratschlag hatte denken müssen. Welch glücklicher Vater und Ehemann ich war. Wie gern ich Freundschaften pflegte und mit den Kindern ausgelassen war. Dass diese inzwischen zu Teenagern herangewachsen waren und nun auch meine Mutter bei uns eingezogen war. Dass wir an manchen Abenden gemeinsam musizierten und sangen und selbst Mama trotz ihrer Sprachstörung dabei mitzusummen begann …

Bevor wir auseinandergehen, legt er seine Hand auf meinen Arm. »Lieber Hänggi, ich bin immer der Ansicht gewesen, dass Freude unserem Körper jene Kraft geben kann, die Heilung möglich macht. Ich freue mich so sehr darüber, dass Sie meine Überzeugung bestätigen.« Mit einer langen, herzlichen Umarmung verabschieden wir uns.

Am nächsten Tag zieht es mich schon früh am Morgen in meine kleine Werkstatt. Seit ich dort meine erste Skulptur gefertigt habe, ermuntere ich ständig Freunde und Nachbarn, mir rostige Teile, kaputtes Blech und anderen metallenen Unrat, der sich nutzlos in ihren Kellern und Speichern verbirgt, für meine neue Leidenschaft zu überlassen. Im Kellerraum, direkt neben der Werkstatt, habe ich mir ein kleines Lager eingerichtet. Dank der Spender, die meiner Bitte nachgekommen sind, haben sich die notdürftig zusammengezimmerten Regale bereits gut gefüllt. Seit mehr als zehn Minuten krame ich nun schon herum. Nehme zuerst das eine, dann das andere Teil in die Hand. Lege es wieder zurück. Suche weiter. Erst ein Tortenteller großer, mehrere Zentimeter breiter Ring aus Metall, der schwer erkennen lässt, wozu er früher gedient haben könnte, findet meine Zustimmung. Auch ein kurzes Rohr, mehrere gerade und einige gebogene Eisenstäbe wie noch andere Kleinteile kommen in die engere Wahl. Das Gespräch mit dem Arzt hat mich auf eine Idee gebracht. Mit heißer Flamme verbinde ich die Teile miteinander, so wie ich meine, dass sie zusammengehören. Befestige alles auf einem Holzsockel. Lehne mich zurück. Bin fast zufrieden. Irgendetwas fehlt mir noch. Ja! Bunt wie unser Denken muss er sein, der Kopf, den ich hier geschaffen habe. Schnell mit Blau, Rot und Gelb versehen. Jetzt konnte ich zufrieden sein.

Der Erinnerung diente das bunte Formenspiel. Täglich sollte es mir vor Augen halten, dass mein Kopf es ist, der meinem Leben seine Form verleiht. Dass ich in meinem Inneren stets schalte und walte und damit Tag für Tag mein Leben gestalte. Dass hier mein Denken und Fühlen entsteht und ich selbst es bin, der über Licht und Dunkelheit in meinem Leben bestimmt. Noch am gleichen Tag tue ich etwas, was ich schon lange machen wollte. Mit einer Säge bewaffnet stehe ich in unserem düsteren Vorraum. Wolf und Maria helfen mir, die schwere, eichene Eingangstür auszuhängen und auf zwei Holzböcke zu legen. Ich säge ein quadratisches Loch in die Tür, womit nun auch der fensterlose Vorraum unseres Hauses seine Dunkelheit verliert.

© BELVEDERE, WIEN

»1990 hat der Direktor des Belvedere[10] das Objekt ,Kopf' bei mir gesehen, mich gefragt, wer der Künstler sei, und gleich erkannt, wie interessant Hänggi ist – weshalb er ,Kopf' auch sofort für das Museum gekauft hat.«

***Mag. Cajetan Gril**, Kunsthändler, Wien*

10 Belvedere: österreichisches Museum, das die bedeutendste Sammlung österreichischer Kunst beherbergt. Das Objekt »Kopf« ist heute noch immer Teil dieser Sammlung.

Fantasia

Mama war nicht mehr. Zwölf Jahre nach Papas Tod war auch sie von uns gegangen. Unsere Trauer war groß. Nicht nur ihr »Fetschitoni«, »Frittszi« und »Tschama« fehlten uns. Dass sie ihre letzten Jahre glücklich am Rosenberg inmitten ihrer Familie verbringen konnte, machte uns den Abschied ein wenig leichter. Maria, unsere Älteste, war inzwischen verheiratet und hatte uns mit Enkelsohn Chris zu glücklichen Großeltern gemacht. Auch aus den anderen Kindern waren junge Erwachsene geworden, die ihren eigenen Weg gingen. Edith, unsere Jüngste, hatte mit siebzehn uns ein weiteres Enkelkind geschenkt. Gitta war geboren. Nach langer Zeit hörte man in der alten Waldschule endlich wieder Babygeschrei.

Inzwischen hatten die 1960er-Jahre begonnen. Meinem Körper ging es gut. Ich war schmerzfrei, düstere Erinnerungen kamen nur mehr selten hoch und die Ohnmachtsanfälle blieben mittlerweile zur Gänze aus. Die beiden großen Granatsplitter im Kopf und beim Herzen, mit ihrer bedrohlichen Macht über Leben und Tod, hatten sich zu verkapseln begonnen. Die Lebensgefahr war nun endgültig gebannt. Ich malte und schweißte fast täglich. Die Freude am Spiel mit Farben und Formen war ungebrochen. Mein Spieltrieb ließ immer größere Skulpturen entstehen, begann, unseren Garten in ein Fantasia zu verwandeln, bewohnt von skurrilen, bizarren, heiteren Objekten – oft mehrere Meter groß. Kuriose Gestalten, Tierwesen und Formen – alle auf ihre Art schön. Alle geschaffen aus dem, was andere nicht mehr haben wollten. Von mir neu gesehen und in der Werkstatt zu Anderem gemacht.

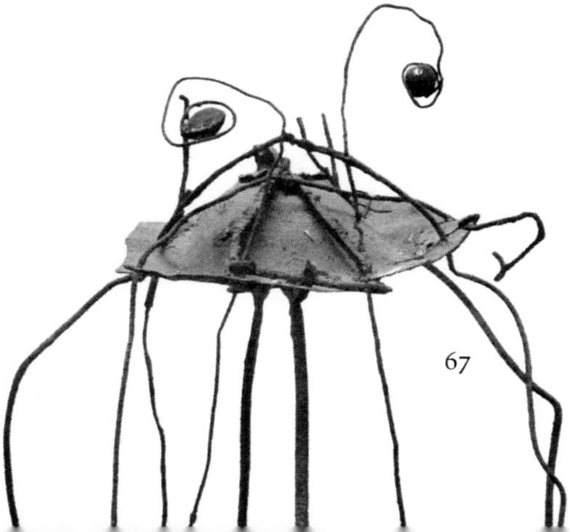

»Flügelschlag«

»Adam und Eva«

»Was Gott bei seiner Schöpfung vergaß, schuf Hänggi.«

Launiger Gästebucheintrag eines Ausstellungsbesuchers

Künstlergilde Ulm/Deutschland 1967

»Der Unterweltkönig«

Wie ein Verwandlungskünstler komme ich mir vor, der anderen zeigt, was sie in dem Abfall zu sehen nicht imstande sind. Immer öfter spazieren Menschen am Haus vorbei, um heimlich Nachschau zu halten, was es denn da Neues gäbe, an diesem eigentümlichen Ort. Ein guter Freund erzählt unter Schmunzeln, dass es sich in der Stadt bereits herumgesprochen hat, dass da am Rosenberg gar Mysteriöses vor sich gehe. Und ich habe meinen Spaß daran.

Wie ein kleines Kind halte ich stets die Augen offen – voll Neugier, was es noch zu entdecken gibt, begierig auf ein neues Spiel. Elektronik wird zum Zauberwort für mich. Ich beginne, mich damit vertraut zu machen. Bin fasziniert davon, mit Elektrizität zu spielen, sie zu formen und dabei in Sprache, Bewegung und Licht zu verwandeln. Ich experimentiere. Lerne hinzu. Entdecke bald wieder Neues für mich: Emaille. Bin fasziniert davon, Metall mit buntem Schmelz zu verdecken, das harte Material so sanfter erscheinen zu lassen. Schnell lerne ich damit umzugehen. Schaffe Schmuckstücke, emailliert von mir in den schönsten Farben. Verschenke sie an Dolfi, meine Töchter und andere, die Freude daran haben. Verwandle eine kleine Eisenplatte mit Emaille in mein ganzes Leben. Zeige auf ihr, wie ich die Hölle im Krieg erlebte – ganz unten in äußerst dunklen Farben – und wo ich heute stehe, in meinem leuchtenden Himmel, der nach der Hölle kam und wo – umgeben von meinen Lieben – hell die Kunst mich schützt, vor all dem, was mein Unglück war.

FOTO: THOMAS FISCHER

»Hölle und Himmel«

Parz

Ein stattlicher Mann stand mir da gegenüber – Hans Hoffmann-Ybbs[11], ein leidenschaftlicher Maler, der wie ich der Kunst verfallen war. Er überragte mich um mehr als einen Kopf. Ein gemeinsamer Freund hatte unser Treffen arrangiert. Mein Körper war noch ein wenig steif vom langen Sitzen auf dem Moped. Fast zehn Stunden hatte die Anreise hierher gedauert. Das knatternde Ding leistete noch immer gute Dienste. Viele Male hatte es mich die letzten Jahre nach Venedig gebracht. Doch dieses Mal war nicht die Lagunenstadt im Süden mein Ziel. Vielmehr war es ein Landschloss weit im Norden, wo mich Hans heute erwartet hatte. Denn Besonderes hatte er hier vor.

Hans ist halb so alt wie ich. Doch trotz des Altersunterschieds verstehen wir uns sofort, wechseln vom distanzierten »Sie« bald schon zum vertrauten »Du«. Wir stehen inmitten eines großzügigen, geschotterten Innenhofes. Auf der einen Seite wird er von den geschwungenen, mehrstöckigen Arkaden eines mächtigen Renaissanceschlosses begrenzt – Schloss Parz, eines der großen Schlösser Oberösterreichs. Auf der anderen Seite führt eine schmale, steinerne Brücke zu einem idyllischen Wasserschloss. Auf einer Insel inmitten eines Weihers gelegen, ist es schon seit geraumer Zeit den Einflüssen der Natur überlassen worden, wie sein verwahrloster Zustand leicht erkennen lässt.

Doch ungeachtet der bedauernswerten Verfassung, in der sich uns das Bauwerk präsentiert, spricht Hans voller Begeisterung von ihm. »Eigentlich war ich auf der Suche nach einem Atelier. Dabei habe ich völlig unerwartet dieses Kleinod entdeckt.« Während wir über die Brücke schlendern, die direkt beim Eingang des Wasserschlosses endet, setzt Hans fort: »Das Atelier war schnell vergessen. Denn beim

---

11 Hans Hoffmann-Ybbs (1928–2005), ein österreichischer Maler, war gemeinsam mit seiner Partnerin Charlotte Buck Initiator des Künstlerzentrums Schloss Parz, das seit den 1960er-Jahren vier Jahrzehnte lang ein bedeutendes Zentrum der österreichischen Avantgarde war.

Begehen dieses alten Gemäuers kam mir eine ganz andere Idee.« Er öffnet die schwere, hölzerne Tür, die mit durchdringendem Quietschen den Blick auf ein großzügiges, mehrere Meter hohes Foyer freigibt. Zwei wuchtige, hölzerne Säulen stützen den ganzen Raum. Links wird der Blick von einer geschwungenen Treppe aus Stein nach oben gelenkt. Ein einfacher Ziegelboden leitet uns zu einem langen Gang, der tief ins Innere der Kostbarkeit führt. »Ich sehe hier kein Atelier. Viel besser würden die historischen Räume und Gewölbe zu einer Gemeinschaft passen, die sich der Kunst verschrieben hat. Austausch, kreatives Schaffen und vieles mehr könnte hier möglich sein.« Ich entdecke gerade den Zugang zu einer großen Terrasse, von der eine breite Treppe Zutritt zur Insel gibt. »Mit Charlotte, meiner Partnerin, ist bereits alles besprochen. Auch ein paar befreundete Maler machen mit. Und ...«, Hans dreht sich mit ausgestreckten Armen einmal um die eigene Achse, während er voll Leidenschaft weiterspricht, »... das alles konnte von uns bereits um wenig Geld gemietet werden. Natürlich muss noch einiges gerichtet werden. Doch ich bin zuversichtlich, dass uns dies gelingen wird.« Mir gefällt seine Begeisterung. »Für finanzielle Mittel ist gesorgt. Öffentliche und private Sponsoren haben bereits Hilfe zugesagt.« Seine mächtige Stimme wird von dem Gewölbe gespenstisch zurückgeworfen. »Wir sind alles Maler. Ein Metallplastiker wie du würde noch gut zu uns passen.«

Ohne meine Reaktion abzuwarten, geht er weiter. Die geschwungene Steintreppe im Foyer führt uns nach oben. Wie ein Zeremonienmeister, der zum ausgelassenen Fest lädt, schreitet Hans zielstrebig voran. In einem riesigen Raum gewährt ein breites, deckenhohes Fenster einen umfassenden Blick auf den Teich. Wie große Perlen reihen sich hier oben lichtdurchflutete Räume dicht an dicht. Überall lässt sich am Boden antikes Holz ausmachen, in geradlinigen Mustern verlegt. Raum um Raum wird von uns erkundet. Zahlreiche Flügeltüren werden durchschritten. Bis wir wieder zur Steintreppe gelangen. Ohne einen Raum ein zweites Mal zu betreten, haben wir sie erreicht. »Perfekte Ausstellungsräume«, rufe ich begeistert. Hans, der hier oben kaum ein Wort gesprochen hat, grinst mich an. »Und Hänggi, machst du mit?«

So kam es, dass ich, neben einer Handvoll anderer Kunstbegeisterter, zu einem Gründungsmitglied des Künstlerzentrums Schloss Parz wurde. Das malerische Schloss würde ab jetzt für viele Jahre meine zweite künstlerische Heimat sein.

Links: Hans Hoffmann-Ybbs und Lotte Buck
Rechts: Hänggi in bereits fortgeschrittenem Alter

Warum Hildegard Knef auf mich warten musste

Fast bin ich da. Nach stundenlanger Fahrt habe ich die Ortstafel von Grieskirchen passiert. Nun nach rechts. Es geht ein wenig bergauf. Das brave Moped, das frühmorgens schon den Pyhrnpass bezwungen hat, wird langsamer. Noch eine zaghafte Kurve und schon liegt Schloss Parz in voller Pracht vor mir. Mit einem Quietschen bleibe ich auf der staubigen Landstraße stehen. Nur noch das ornamentgezierte, steinerne Schlossportal, das direkt an die Straße grenzt, ist zu überwinden, um dann beim Wasserschloss zu sein. Die mächtigen Flügel des meterhohen Tores stehen weit offen. Mehrmals gebe ich am Stand ordentlich Gas. Der Motor muss auf Touren kommen. Nur so würde es mein altes Gefährt in den Innenhof schaffen. Liegt doch das Schloss ein wenig höher als die Straße. Noch einmal gebe ich intensiv Gas. Mit lautem Geknatter sause ich los. Der lang gestreckte Torbogen nimmt mich auf. Lässt das Getöse meines Untersatzes viel lauter erscheinen, als es ist. Kaum habe ich das tiefe Portal auf der anderen Seite verlassen, dringt lautes Rufen an mein Ohr.

»Cut, cut!«, schreit eine Stimme, während andere Menschen wild durcheinanderlaufen. Scheinwerfer überall. Eine übergroße Kamera, wie sie nur bei Filmproduktionen zu finden ist, steht mir gegenüber. Verdutzt beobachte ich das hektische Geschehen hier im Innenhof. Ich schalte mein Moped ab, als ein aufgeregter Mann mit Brille und Stirnglatze schnurstracks auf mich zuläuft. »Könnten Sie das bitte nochmals machen«, ruft er mir zu. Ich kenne mich nicht aus. Nehme Brille und Fliegerkappe ab. Will wissen, was da los ist. »Wunderbar!«, ruft der Mann begeistert. »Das alte Moped, Ihr verstaubter Ledermantel, die Kappe, alles einfach perfekt.«

Unwissentlich bin ich in die Dreharbeiten eines Spielfilms geraten. Bin durch die Einfahrt mit Volldampf direkt in eine Filmszene hineingefahren.

Selbstportrait

FOTO: MARKUS SCHUSTER

»Gestatten, Alfred Weidenmann.[12] Ich bin der Regisseur.« Ausgiebig schüttelt er mir die Hand. »Bitte fahren Sie nochmals genau so, wie Sie es eben getan haben, die Durchfahrt herein.« Ich will ihm gern den Gefallen tun und mache mich daran, den vielen Staub von meinem Mantel zu klopfen. »Nein, nein, tun Sie das nicht«, winkt er ab. »Ich will Sie genau so, wie Sie sind«, setzt Weidenmann seine Regieanweisungen fort. Ich schaue mich neugierig um. Einige Gesichter, die mir bereits vom Kino her bekannt sind, fallen mir sofort auf. Hildegard Knef, Martin Held, Heidelinde Weis – alle stehen sie da und warten darauf, dass ich endlich so weit bin. »Kamera an.« Knatternd und staubbedeckt zische ich nochmals die Durchfahrt herein. Und nochmals. Und noch ein drittes Mal, bis die Szene endlich im Kasten ist.

So hatte mich Alfred Weidenmann für kurze Zeit zum Schauspieler gemacht. In einem Film, der noch im selben Jahr[13] als »Verdammt zur Sünde« in die Kinos kam. Eine Verfilmung des Romans »Die Festung« von Henry Jaeger, wobei die Außenaufnahmen überwiegend auf Schloss Parz stattfanden. Letztendlich fiel meine Szene dem Schnitt zum Opfer, sodass meine Filmkarriere mehr als überschaubar war. Aber ich war ja eigentlich nicht für Dreharbeiten nach Parz in den Norden gefahren. Vielmehr zum richtigen Arbeiten war ich gekommen. Denn seit meiner ersten Begegnung mit Hans hatte sich hier viel getan.

---

12 Alfred Weidenmann (1916–2000) war ein deutscher Regisseur. Zu seinen bekanntesten Filmen gehören der Agententhriller »Canaris« mit O. E. Hasse und die Filmkomödie »Scampolo« mit Romy Schneider. Für das Fernsehen führte er in unzähligen Serienfolgen von »Der Kommissar«, »Der Alte« und »Derrick« Regie.

13 1964.

Zweite Heimat

Genug war zu tun, um das desolate Wasserschloss in ein strahlendes Juwel zu verwandeln. Viele Male war ich dafür zwischen Süden und Norden hin und her geeilt – über Monate hinweg. Unzählige Stunden verbrachte ich in dieser Zeit im Mopedsattel zwischen Graz und Parz.

Befand ich mich im Süden, zu Hause am Rosenberg, war ich als Künstler aktiv. Malen, Schweißen, Emaillieren und Experimentieren verschönten mir den Tag. Selbst wenn meine kleine Werkstatt nicht sehr komfortabel war, genoss ich es immer mehr, im Kreise meiner Lieben kreativ zu sein. Konnte hier trotz Plumpsklo, fehlendem Bad und schlechter Heizung ständig diese Geborgenheit und Wärme spüren.

War ich hingegen im Norden, in Parz, war ich kein Künstler mehr. Der Metallplastiker musste nun Schlosser sein, der Maler zum Anstreicher werden, der Kunstbegeisterte als Maurer seinen Tag verbringen. Statt Metallteile zu einer Skulptur zu formen, verband mein Schweißbrenner nun Leitungsrohre, die gebrochen waren, flickte Türangeln, Geländer und Türen aus Metall. Statt Leinwand wurde nun Mauerwerk mit Farbe versehen. Statt Emaille auf Metall aufzubringen, wurden Fliesen auf Wände geklebt, Pinsel wurde gegen Maurerkelle und Spachtel getauscht.

»Hänggi war der Einzige der Künstlergruppe, der schweißen konnte. Gerade in der Umbauphase war diese Fähigkeit heiß begehrt. Wenn im Schloss etwas kaputt war, wusste man, dass Hänggi irgendetwas erfinden wird, damit es wieder funktioniert.«

Architekt Walter Buck, *Archiv Hans Hoffmann-Ybbs, Wels*

Wir alle tun. Tun, was uns möglich ist. Immer mehr werde ich so zu einem Teil des Ganzen, zu einem Bestandteil einer verschworenen, enthusiastischen Gemeinschaft. Mit staubigen Gesichtern werden Scherze gemacht, Pläne geschmiedet, angeregte Gespräche geführt und vor allem wird gearbeitet – Tag und Nacht.

»Im Schloss Parz bei Grieskirchen spukt es. Seit Monaten dringt aus den jahrhundertealten Räumen ein Hämmern, Krachen und Klopfen, in den Nachtstunden bisweilen sogar Gelächter. Die ‚Geister' fahren mit Autos und Mopeds, und die Bevölkerung hat keine Furcht vor ihnen. Es sind Künstler, die sich in den Kopf gesetzt haben, das denkmalgeschützte Wasserschloss in Eigenregie zu restaurieren, um ebendort ein kulturelles Zentrum zu errichten.«

***Linzer Volksblatt**, 20. 6. 1964*

Erst weit nach Mitternacht zieht dann Ruhe ein, verteilen sich die Besessenen in den einzelnen Kammern, die bereits von ihnen renoviert worden sind. Nur ein schlichter Bauernkasten, ein spartanisches Bett, Tisch und Stuhl zieren mein bescheidenes Quartier. Daneben ein großer, heller Raum, ein Gewölbe mit Blick auf den Teich. Für viele Jahre wird dieses Gewölbe meine zweite Werkstatt sein, mir im Norden Gelegenheit geben, mich zu entfalten. Doch künstlerisches Tun wird hier erst möglich sein, wenn das schlafende Schloss wieder zum Leben erwacht.

Nur wenige glaubten daran, dass uns das ehrgeizige Vorhaben gelingen könnte. Und doch war es bereits zwei Jahre später so weit. Großzügige Ausstellungsräume im Obergeschoß. Werkstätten. Sanitäre Anlagen. Unterkünfte. Raum zur Begegnung, für Austausch und Diskussion. Das Künstlerzentrum Schloss Parz war geboren. »Trotz aller Zweifel – das Werk gelang!«, kommentierte ein Journalist am 2. November 1964 die für viele unerwartete Geburt.

Wie spät ist es?

Mein künstlerischer Auftakt im nun renovierten Schloss Parz erfolgte 1965. Meine erste Ausstellung war dort zu sehen – Lithografien, Zeichnungen und mehr als dreißig Metallskulpturen wurden zur Schau gestellt.

»Formenspiel«

Viele weitere Ausstellungen sollten über die Jahre noch folgen. Bereits 1972 stellten auch Größen der österreichischen Kunstszene wie Arnulf Rainer[14], Bruno Gironcoli[15] und Wander Bertoni[16] mit mir und anderen gemeinsam aus.

---

14 Arnulf Rainer (*1929) ist ein zeitgenössischer österreichischer Maler. Bekannt sind seine Übermalungen.

15 Bruno Gironcoli (1936–2010) war ein österreichischer Maler und Bildhauer. Er leitete bis 2004 die Meisterschule für Bildhauerei der Akademie der bildenden Künste in Wien.

16 Wander Bertoni (*1925) ist Bildhauer und wohl der bedeutendste Schüler von Fritz Wotruba, der als einer der wichtigsten österreichischen Bildhauer des 20. Jahrhunderts gilt.

»Besonders beeindruckt haben mich Hänggis moderne, kreative Skulpturen. So eine Hänggi-Skulptur würde ich heute gern besitzen, was ich leider nicht tue.«

***Andreas Lendl**, Galerist, Graz*

Wir »Parzer« gaben beständig Lebenszeichen von uns, zeigten der Welt, wofür wir geschaffen waren. Doch was ich hier besonders zu schätzen wusste, war die Gemeinschaft, die an diesem Platz entstand. Ein Ort der Begegnung, dem Dialog und Austausch zwischen Künstlerfreunden verschrieben, die mittlerweile aus dem ganzen Land stammten. Wie sehr ich diese Momente genoss. Es genoss, mit den anderen ins Gespräch zu kommen, neue Standpunkte kennenzulernen, mich gemeinsam mit Gleichgesinnten mit all der Kunst zu befassen, die so viel Freude in mein Leben gebracht hatte. Nur manchmal wurde unser Schaffen von dem alten Gemäuer gestoppt. Einmal drohte eine bröckelnde Terrasse zusammenzubrechen. Ein anderes Mal beeinträchtigte Hausschwamm die herrschaftliche Substanz. Dann wieder stürzte eine Decke ein und störte mit lautem Getöse das ländliche Idyll – so imposant, dass in der Zeitung die Schlagzeile »Kunst unter Lebensgefahr« zu lesen war. Doch dies änderte nichts daran, dass ich mich hier glücklich fühlte.

Aber nicht nur das widerspenstige Schloss war unsere Wirkungsstätte. Immer wieder waren wir Parzer auch an anderen Orten[17] mit unserer Kunst zu Gast. Besonders in Erinnerung ist mir dabei ein Kunstmuseum[18] in Linz geblieben, wo die Worte »Wie spät ist es?« im Nu zur meistgestellten Frage wurden. Denn ich hatte eine Uhr geschaffen. Kein normales Messinstrument, vielmehr ein Spiel aus

17 Forum Stadtpark Graz, Galerie auf der Stubenbastei Wien, Westfalenpark Dortmund u. v. m.

18 1969, Neue Galerie der Stadt Linz – Wolfgang Gurlitt Museum. Heute: LENTOS Kunstmuseum Linz, in dessen Besitz sich die Hänggi-Uhr befindet.

Es ist 09.07 Uhr

bunten Punkten war es, das der Zeit nun einen neuen Rahmen gab. Ein farbiges Versteck für eine weggeworfene Küchenuhr, die – von mir aus dem Abfall gerettet – nun als Kunstwerk ihren Dienst versah. Doch nur der Eingeweihte konnte erkennen, wie spät es am Rundling gerade war. Wenn dann einer freudig rief: »Es ist einundzwanzig Uhr sieben«, da er das Geheimnis durchschaute, jauchzte es in mir und ich freute mich mit ihm über seine Entdeckung.

So rettete ich die weggeworfene Zeit vor dem Untergang. Denn ich, der dem Schicksal bereits Jahre abgerungen hatte, wusste nur zu genau, wie wertvoll die angezeigten Minuten waren.

Funktioniert die Uhr?

Dienstags bei Hänggi

Dolfis Finger sausen über die Tasten des Klaviers, sind flinke Werkzeuge, durch die ihre Freude nach außen drängt. Ihre Hüften wippen. Sie vibriert förmlich mit der von ihr geschaffenen Musik. Nicht hinsetzen mag sie sich. Vielmehr im Stehen spielt sie das dröhnende Instrument. Es ist pure Freude, ihr zuzusehen, der wunderbaren Frau, die ich da habe. Auch den vielen anderen gefällt, was zu hören ist. Ein wenig Gershwin kombiniert sie geschickt mit Jimi Hendrix. An den Wänden pulsieren gleichzeitig Bilder im bunten Licht, geben Geräusche von sich, klingeln, tropfen oder schnarren – bunt durcheinander, fast im Rhythmus von Dolfis leidenschaftlichem Spiel. Glasstäbe glühen. Lichtquadrate bewegen sich, wechseln launisch ihre Farbe. Licht-Klang-Skulpturen sind es. Sie hängen wie Bilder an der Wand. In Plexiglas-Gehäusen, geschaffen von mir, nur um Freude zu machen. Dann – ein Schalter kurz gedrückt. Ruhe kehrt sofort ein im bunten Lichterspiel. Auch Dolfi unterbricht glücklich ihren temperamentvollen Ritt.

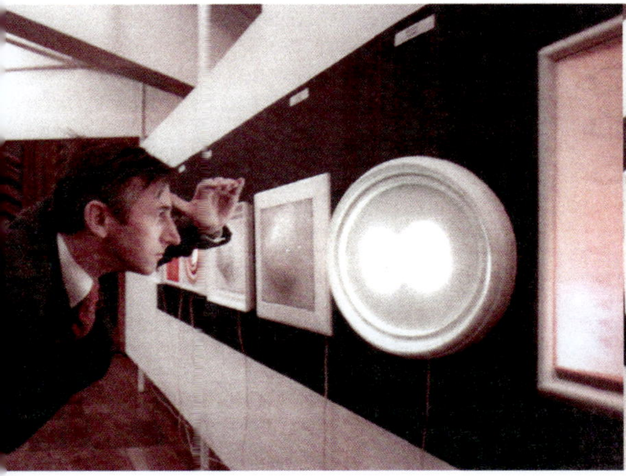

Licht-Klang-Skulpturen, Galerie bei den Minoriten, Graz, 1976

Die Waldschule am Rosenberg ist Ort des turbulenten Geschehens. Das Klassenzimmer von damals – jetzt unsere große »Stub'n« – ist dicht mit Menschen gefüllt. Viele von ihnen sind mir gut bekannt. Doch auch neue Gesichter sind zu sehen. Sie unterhalten sich, diskutieren und lachen. Manche beobachten, lauschen dem bunten Treiben. Getränke und Brote mit Vis werden gereicht, um Hunger und Durst so nebenbei zu vertreiben. Vom regelmäßigen Austausch mit anderen Künstlern in Parz angetan, will ich auch zu Hause nicht auf diesen Genuss verzichten. Die Dienstagabende sollen es ab jetzt sein, wo unser Haus für alle offen steht. Ein Jour fixe für jene, die ihre Begeisterung für Kunst mit anderen Menschen teilen wollen. Bis spät in die Nacht wird hier dem kunstsinnigen Miteinander Raum gewährt – ab 1965, fast drei Jahrzehnte lang.

Private Freundschaften, berufliche Partnerschaften, Ideen und Pläne wurden da geboren, in Fantasia am Rosenberg, wo jeder offene Aufnahme fand. Junge Maler, Bildhauer und Schauspieler, alle mit frischen Visionen im Kopf. Aufstrebende Sänger und Musiker, die hier erste Gehversuche wagten. Unnormale Schriftsteller und Dichter, die in Lesungen ihr Werk zum Besten gaben. Journalisten und Kritiker, die oftmals heiße Diskussionen entfachten. Oft wurde hier bis weit nach Mitternacht zugehört und debattiert oder es wurden mit selbst gemachtem Projektionsapparat Kunstkarten vorgeführt. Von Dingen gesprochen, von denen ich vor meiner Kriegsverwundung keine Ahnung gehabt hatte, die jetzt aber mein Leben waren.

»Zu Hänggi fällt mir und meinen Freunden sofort ein, dass wir uns damals gewünscht hatten, im Alter so wie er zu sein: offen der Jugend gegenüber, herzlich und interessiert.«

***Jimmy Cogan**, Musiker, Begründer der Pop-Band »Turning Point« und regelmäßiger Besucher der Dienstagstreffen*

Luftsprung

Winter 1970. Dolfi und ich hatten es uns am frühen Morgen in der warmen Küche gemütlich gemacht. Frost hatte den Rosenberg im eisigen Griff. Der duftende Kaffee tat da besonders gut. Mit beiden Händen umschloss ich das wärmende Gefäß. Ich hatte vor, den Tag im Keller zu verbringen, wollte einige Ideen, die über Nacht in meinem Kopf entstanden waren, schnell sichtbar machen. An solch frostigen Tagen war es in der Werkstatt besonders kalt. Ohne Wärmequelle würde kreative Arbeit heute wohl unmöglich sein. Vorsorglich hatte ich bereits vor Jahren einen kleinen Elektroofen im Keller installiert. Dieser hatte an bitterkalten Tagen schon viele Male guten Dienst geleistet. Bequem konnte ich ihn von der Küche aus in Betrieb nehmen. Nur ein Schalter musste gekippt werden, um nach dem Frühstück einen wohl temperierten Arbeitsplatz vorzufinden.

Ich greife nach dem Schalter. Spüre an der Fingerkuppe den Kunststoff des weißen Teils. Eine minimale Bewegung – und dann, wie aus dem Nichts, ein ohrenbetäubender Knall. Als ob eine Granate das Haus zerfetzt. Türen und Fenster werden mitsamt ihren Stöcken brutal aus dem alten Holz der Waldschule gerissen. Es fühlt sich an, als habe das Haus als Ganzes einen riesigen Satz gemacht, sich aufgebäumt und mit einem monströsen Luftsprung vom Fundament erhoben. Glas zerbirst. Überall. Ein mächtiger Schlag reißt mich zu Boden. Unerträgliches Dröhnen im Kopf. Ich stemme mich hoch. Mit aller Kraft. »Dolfi!«, schießt es durch meinen Kopf. Ich schaue mich um. Sehe verschwommen. Hektisch mein Blick. Da! Endlich Dolfi! Wie erstarrt hat sie sich am Tisch festgeklammert. Zwischen Rauchschwaden rapple ich mich umständlich hoch. Eile zu meiner Frau. Umarme sie, so zärtlich es mir möglich ist. »Edi, was ist passiert?«, höre ich sie fragen, während mir ein Stein vom Herzen fällt.

Das Gasventil meines Karbidschweißgeräts war über Nacht undicht geworden. Gas strömte über Stunden aus dem defekten Gerät. Glücklicherweise waren die Fenster meiner Werkstatt nicht sonderlich dicht und es konnte ein Großteil des Gases bereits vor der Explosion nach draußen entweichen. Ansonsten hätten wir wohl nicht überlebt. So jedoch ist niemand zu Schaden gekommen. Einzig mein durch den Krieg bereits angegriffenes Gehör litt noch einige Tage unter dem enormen Knall, wodurch Dolfi noch lauter als sonst mit mir sprechen musste. Wie auf einem Schlachtfeld sah es in unserem Haus aus. Vieles war zerbrochen. Auch meiner Werkstatt – dem Ausgangspunkt des Unglücks – war die Druckwelle anzusehen. Eine herausgerissene Tür, verloren gegangene Fenster, ein völlig zerstörtes Schweißgerät. Zum Glück war das Haus versichert, was den finanziellen Schaden in Grenzen hielt. Nur auf die Dienstagstreffen musste schweren Herzens für ganze vier Wochen verzichtet werden.

Aufträge

Auch wenn der Schaden am Haus durch die Versicherung gedeckt war. Die Kosten für all den zu Bruch gegangenen Hausrat und das Schweißgerät waren von uns selbst zu tragen. Meine kleine Invalidenrente stellte freilich eine beruhigende finanzielle Basis dar. Und Dolfi konnte, da die Kinder längst aus dem Hause waren, wieder da und dort als Jazzpianistin tätig sein – was sie auch mit viel Freude tat. Leben ließ es sich mit diesen Einnahmen allemal. Doch ansparen konnten wir nicht viel. Natürlich konnte ich im Notfall eine meiner Arbeiten zum Kauf anbieten, was ich, wenn dringend Geld nötig war, auch immer wieder tat. Doch leicht fiel es mir noch immer nicht, mich von einer meiner Schöpfungen zu trennen.

Es traf sich also gut, dass bereits kurz nach dem Unglück ein Auftrag hereinkam, der finanzielle Besserung versprach. Fast wie vom Himmel geschickt – denn die Kirche war es, die Kunst von mir haben wollte. Es war nicht das erste Mal, dass ich von ihr einen Auftrag erhielt. Tabernakel und andere sakrale Objekte hatte ich bereits für verschiedene Gotteshäuser geschaffen.

Heute verschollene sakrale Objekte, ursprünglich von Hänggi für die Grazer Leonhardkirche geschaffen

FOTO: THOMAS FISCHER

Dieses Mal sollte es jedoch etwas ganz anderes sein. Für die Grabenkirche in Graz wurden passende Türgriffe für die Flügeltüren ihres Portals gebraucht. »Aus Messing und langlebigem Email müssen die Griffe sein«, so die Order. Andere Vorgaben gab es nicht, was ich zu schätzen wusste. Denn je mehr Freiheit ich hatte, umso leichter fiel es mir, Künstler zu sein.

Es ist ein sonniger Nachmittag, der Himmel tiefblau. Mit gewohnt lautem Geknatter mache ich mich auf in die Stadt. Bereits zehn Minuten später leuchtet mir das Gelb der Grabenkirche entgegen. Am Ende einer Sackgasse, ein wenig abseits vom hektischen Verkehr der Stadt, komme ich auf einem gepflasterten Vorplatz zum Stehen. Alles strahlt hier eine angenehme Ruhe aus. Ich stelle mich direkt vor das Portal. Lasse die hübsche Barockkirche auf mich wirken. Betrete das um diese Zeit leere sakrale Haus und sauge die Stimmung in mich auf.

Kurz danach wird Messing geschnitten, gefeilt und gebogen. Die fertige Form mit Farben versehen. Gelb, Grün und Blau an den richtigen Platz gebracht. Das Ganze gefasst und fertig gemacht. Montiert und vor Ort ausprobiert. Vom Auftraggeber gesehen und für gut befunden.

Obwohl es mir normalerweise leicht fiel, mich von Auftragsarbeiten zu trennen, war dies hier ganz und gar nicht der Fall. Viel zu sehr konnte ich mich in dem entworfenen Motiv selbst erkennen, hatte ein starkes Gefühl dazu aufgebaut. Die Teilung des Meeres hatte ich dargestellt. Eines der Wunder, das in der Bibel beschrieben war. Wo Moses das Meer teilt, damit sein Volk dem nachjagenden Feind entfliehen kann. Wo alle trotz des übermächtigen Gegners überleben. Genau dieses Wunder war auf den beiden Griffen zu sehen. Zwei sich aufbäumende Wellen, die sich beim Öffnen des Portals genau so teilen, wie es in der Überlieferung geschrieben steht. So hatte ich das Wunder für jeden Kirchenbesucher erlebbar gemacht – und gleichzeitig ein Symbol für mich selbst geschaffen. Einen versteckten Hinweis auf all das, was war, nachdem ich im Krieg fast zu Tode gekommen war. Als mir mit meinem geschundenen Körper ein scheinbar übermächtiger Feind gegenüberstand und der Künstler in mir den Ausweg – den geteilten Wellen gleich – zum Überleben fand.

FOTO: THOMAS FISCHER

Aufgrund nötiger Umbauarbeiten wurde die alte Schwingtür 2017 durch eine behindertengerechte elektrische Schiebetür ersetzt. Die Griffe, die nach 47 Jahren noch immer wie neu wirkten, wurden an Hänggis Familie retourniert

Der Prinz

Seit Kurzem war kein aufdringliches Knattern mehr zu hören, wenn ich auf Reisen ging. Hektisches Surren, ganz einer Nähmaschine gleich, würde ab nun meine Ausflüge begleiten. Ein kleiner Prinz, knallrot, war mir jetzt treu ergeben – zwölf Jahre alt, im deutschen Neckarsulm beim Autobauer NSU[19] gefertigt. Nach mehr als fünfzehn Jahren hatte ich mich von meinem Moped getrennt. Tausende Kilometer hatte es mich zuverlässig durch die Welt getragen. Doch immer mehr wünschte ich mir, auf meinen Fahrten Dolfi bei mir zu haben. Parz und Venedig wollte ich ihr zeigen. Spontane Ausflüge mit ihr und unseren Enkelkindern machen. Unabhängig sein von Freunden und Verwandten, die mir aus Gefallen immer wieder mit ihren Fahrzeugen für Transporte zur Verfügung standen.

Nur klein gestaltete sich der Umbau, damit der Prinz auch mit steifem Bein zu fahren war. Groß war jedoch die Freude, die er in mein Leben brachte. Viel schneller war ich jetzt an meinem Ziel, bei Regen blieb ich trocken und im Winter hatte ich es immer warm. Viel bequemer wurde mit dem Prinz mein Leben, das sich mehr und mehr mit freudvollen Terminen füllte: Am Dienstagabend fand bei uns am Rosenberg der wöchentliche Jour fixe statt. Mittwoch bis Sonntag wurde die Zeit der Kunst gewidmet oder das Haus war von fröhlichem Kinderlärm erfüllt, weil unsere Kinder mit unseren Enkelkindern zu Besuch kamen. Auch der Montagabend war inzwischen verplant. Verführt von Charly[20], einem Dienstagsfreund, war ich Teil einer besonderen Runde geworden. »Odysseus in Domino« nannte sich die exquisite Gilde von Künstlern aller Sparten, die sich jede

19 NSU Prinz 1, Baujahr 1960.

20 Karl »Charly« Hans Haysen (1926–1986) war Kulturchef der »Kleinen Zeitung« und begründete 1971 gemeinsam mit dem Dichter Herwig von Kreutzbruck (1939–2008), einer schillernden Persönlichkeit, die Künstlervereinigung »Odysseus in Domino«. Von 1978 bis 1982 war Hänggi Präsident der Vereinigung, die viele große Kunstaktionen in Österreich, der Schweiz und Ungarn organisierte.

Woche trafen. Und dann gab es noch die weiten Reisen nach Parz, Venedig und die Ausstellungen im ganzen Land.

Manchmal ergab sich auch spontan etwas völlig Neues. Wie an jenem Jour-fixe-Abend, als mich von hinten jemand am Arm zupfte. Es war eine junge Frau, die meine Aufmerksamkeit auf sich ziehen wollte. Rosie Belic, eine junge Schauspielerin, stand hinter mir. »Hänggi, hast du kurz Zeit für mich?«, sprach sie mich lächelnd an. Sie hätte mir Wichtiges zu sagen. Und es war tatsächlich Fantastisches, das der engagierten Künstlerin am Herzen lag.

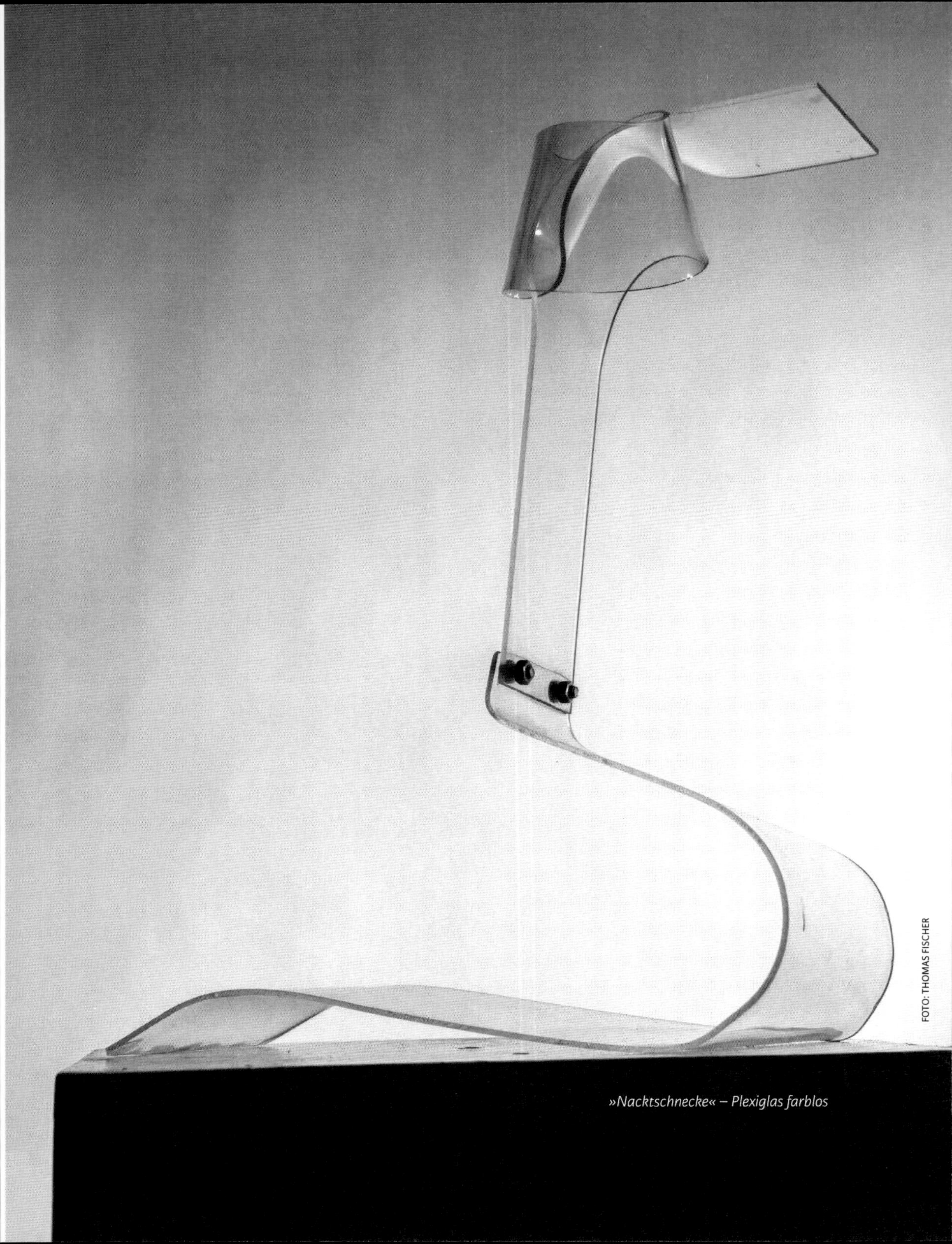

»Nacktschnecke« – Plexiglas farblos

FOTO: THOMAS FISCHER

Die Alchemie des Sehens

Fasziniert fixieren unsere Augen das durchsichtige Material. Wie es sich zu biegen vermag, sich der Hitze gehorsam ergibt. Willig scheint es Peters Handbewegungen zu folgen. Ein Schwung nach oben, eine Drehung, ein leichter, kaum merklicher Zug. Langsam erstarrt es in seiner neuen Form. Bleibt so, wie Peter es entschieden hat. Groß ist die Freude rundherum. Jubel macht sich breit. Nun ist Silvia an der Reihe. Mit einem Lachen im Gesicht macht sie es wie Peter. Über der Flamme wiederholt sich noch mehrmals das alchemistische Spiel – so lange, bis auch Petra als Letzte des fröhlichen Trupps dasselbe tut wie die anderen zuvor.

Da stehen nun Seite an Seite die fertigen Schöpfungen, acht an der Zahl. Eine surreale Menagerie aus fantasievollen Formen, geschaffen aus transparentem Plexiglas. Ihre Schöpfer – acht Künstler und Künstlerinnen, alle zwischen sieben und vierzehn Jahren – haben ihren Spaß daran. »Schaut genau hin«, versuche ich den Blick der Kinder zu leiten. »Ihr alle hattet die gleichen Streifen aus Plexiglas. Was fällt euch auf, wenn ihr eure Wesen nun nebeneinander stehen seht?« »Keines schaut wie das andere aus«, schießt es aus Peter heraus. »Und warum ist das so?«, frage ich weiter. »Weil jeder von uns seine eigenen Ideen hat.« »Ja!«, bin ich begeistert ob der klugen Antwort, die von dem Vierzehnjährigen kommt. »Es ist so, weil ihr es so entschieden habt. Es seid immer ihr, die entscheiden, was aus dem wird, was ihr zur Verfügung habt.« Wie schön ist es für mich, mit diesen wunderbaren, jungen Wesen zu arbeiten. Neugierig, lernhungrig, verspielt. Wie ich sind sie, nur stehen sie am Beginn ihres Lebens. So gut ich kann, versuche ich, der schon weit am anderen Ende der Lebenszeit angekommen ist, ihnen die Freude am Gestalten zu vermitteln – und vielleicht auch ein wenig von der Erfahrung, die ich in den Jahrzehnten so reichhaltig gesammelt habe.

Mein kleiner Prinz hatte mich vor wenigen Tagen hierhergebracht – bis obenhin mit Werkzeug und Werkstoffen beladen. Zu einem Kinderdorf, ein wenig außerhalb von Graz gelegen. Mich und andere Künstler hatte Rosie Belic, die Schauspielerin, dafür gewonnen, als Teil eines Experiments mitzuwirken. Ein Sommercamp, wo Kinder in neue Welten eintauchen konnten. Vieles stand zur Auswahl. Konzert- und Countrysänger studierten Lieder ein. Schauspieler machten gemeinsames Theater. Literaten lockten Gedichte hervor. Maler spielten mit Farben und mit mir gab es kunstvolle Basteleien, wurde Emaille in Schmuck, Plexiglas in Fantasien und Stahlabfall in wilde Skulpturen verwandelt.[21]

Schon am nächsten Tag befinde ich mich mit meiner Gruppe auf einem Grazer Schrottplatz. Altmetall, aus dem etwas Neues werden soll, wollen wir hier sammeln. Die Kinder gehen auf die Suche. Entscheiden, was mitgenommen wird. Auch ich finde zwei rostige Teile, die mir am Nachmittag als Beispiel dienen werden.

Zurück im Camp. Umgeben von blühender Natur folge ich den Anweisungen der Kinder. Schweiße Teil an Teil, wie sie es wollen. Bin Vollstrecker ihrer prächtigen Fantasien. Sie weisen an, verändern, korrigieren. So lange, bis sie mit ihrem Werk zufrieden sind. Bis alles, was zuvor nur in ihrem Kopf, nun auch für uns alle zu sehen ist. Mensch- und Tiergestalten, Gnome und Drachen und vieles mehr – oft wundersam geformt. Zu guter Letzt beginne ich, jene beiden Teile zu verbinden, die ich selbst am Schrottplatz gefunden habe. Das eine Teil wird nun ein Sockel sein. Das andere – ein altes Beil – wird so darauf geschweißt, dass seine Klinge dauerhaft nach oben zeigt. Nur noch ein kleines Loch wird von mir ins Beil getrieben und dann ist fertig, was ich mir ausgedacht habe. Ein kleines Rätsel soll es für die

---

21 1973 bis 1983 initiierte die Schauspielerin Rosie Belic mit ihrem Mann Erwin die Kunst-Ferienwochen im Anton-Afritsch-Kinderdorf am Steinberg bei Graz. Viele Male war auch Hänggi mit dabei. Da ihm die Arbeit mit Kindern gefiel, stellte er sich 1980 auch der Sommermalschule im Bildungshaus Schloss Retzhof zur Verfügung, initiiert von der umtriebigen Malerin Sigi Hrad-Rynda.

Kinder sein. Ich stelle das Objekt auf einen Tisch vor sie hin. »Was könnt ihr sehen?«, ist meine Frage. Neugierig umrunden die Kinder das scheinbar abstrakte Objekt. Bis Silvia »Einen Vogel kann ich sehen!« ruft. »Nein, ein Hund ist das«, meint Hubert.

»Hänggi hat in Altmaterialien was gesehen, was andere nicht erkennen konnten.«

***Rosie Belic**, Schauspielerin, Regisseurin*

Ein einfaches Objekt steht da, real, am Tisch, direkt vor ihrer Nase. Doch schwer ist es für sie, die echte Wahrheit, die es zu entdecken gibt, zu sehen. »Das ist ein Hund.« »Nein, ein Vogel.« In der Gruppe geht es hin und her, bis Markus, der bis jetzt geschwiegen hat, endlich des Rätsels Lösung findet: »Ich sehe beides, Hund und Vogel, je nachdem, wie ich das Ding betrachte.« »Genau das ist es!«, rufe ich aus. »Euer Blick entscheidet, was ihr zu sehen bekommt! Tatsächlich ist es nur wertloses Metall, was da vor uns auf dem Tisch zu sehen ist. Doch wer den Blick verändert, bekommt was anderes zu sehen. Hund oder Vogel. Beides ist da. Doch du entscheidest, was du sehen kannst.«

Hund oder Vogel? Sie entscheiden!

FOTO: THOMAS FISCHER

Was ich schmerzhaft über die Jahre erfahren hatte, war hier ganz einfach dargestellt. Hund oder Vogel. Mein Blick bestimmt, was in mein eigenes Erleben tritt. Ändere ich meine Sicht, ändert sich sofort mein Erleben. Das war es, was die Kunst so oft in meinem Leben hilfreich vollführte. Wenn wieder einmal Dämonen in meinem Kopf hausten, war es die Kunst, die mir half, den Blick zu wenden und Qual gegen Frieden auszutauschen.

Somit war es immer meine eigene Sicht, die Elend oder Freude in meinem Kopf gebar. Solange mein Blick das Dunkle fixierte, war es unerträglich, was ich verspürte. Sobald es mir gelang, den Blick nur auf mein künstlerisches Tun zu richten, war ich befreit von all der Quälerei, die mich kurz zuvor noch beherrscht hatte.

Ja! Die Augen sind es, die unsere subjektive Welt mit ihrem Blick erschaffen. Diesen Gedanken habe ich, weil er für mich so wichtig war, als Bild und auch in edlem Stahl[22] festgehalten. Das Auge im Zentrum, zwei Linien, gebogen, nach unten und nach oben. Denn beides vermag mein Blick, mich herunterzuziehen oder mich aufzubauen. Beeindruckt hat die Kinder, was unser Blick so alles kann, sodass auf ihren Wunsch zum Abschluss noch ein Totempfahl[23] entstanden ist, der nur aus Augen besteht.

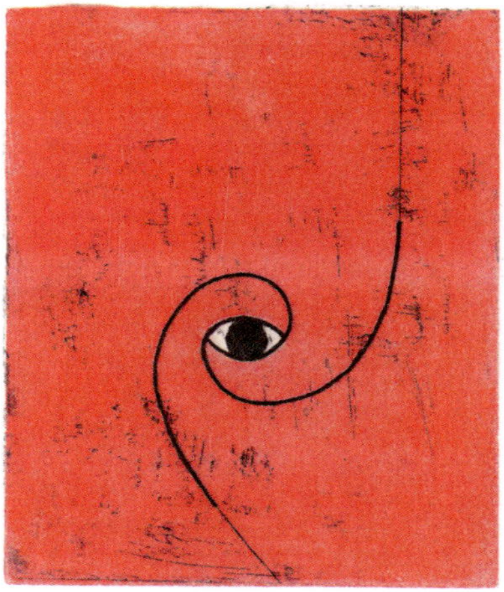

»Auge in Rot«

FOTO: MARKUS SCHUSTER

22 Die Plastik »Doppelschwung« aus rostfreiem Stahl befindet sich – neben einer weiteren Plastik, Farbradierungen, Holzschnitten und Lithografien von Hänggi – im Besitz des Universalmuseums Joanneum.

23 Heute – mehr als vier Jahrzehnte später – steht der Hänggi-Totempfahl noch immer an seinem Platz im Kinderdorf am Steinberg.

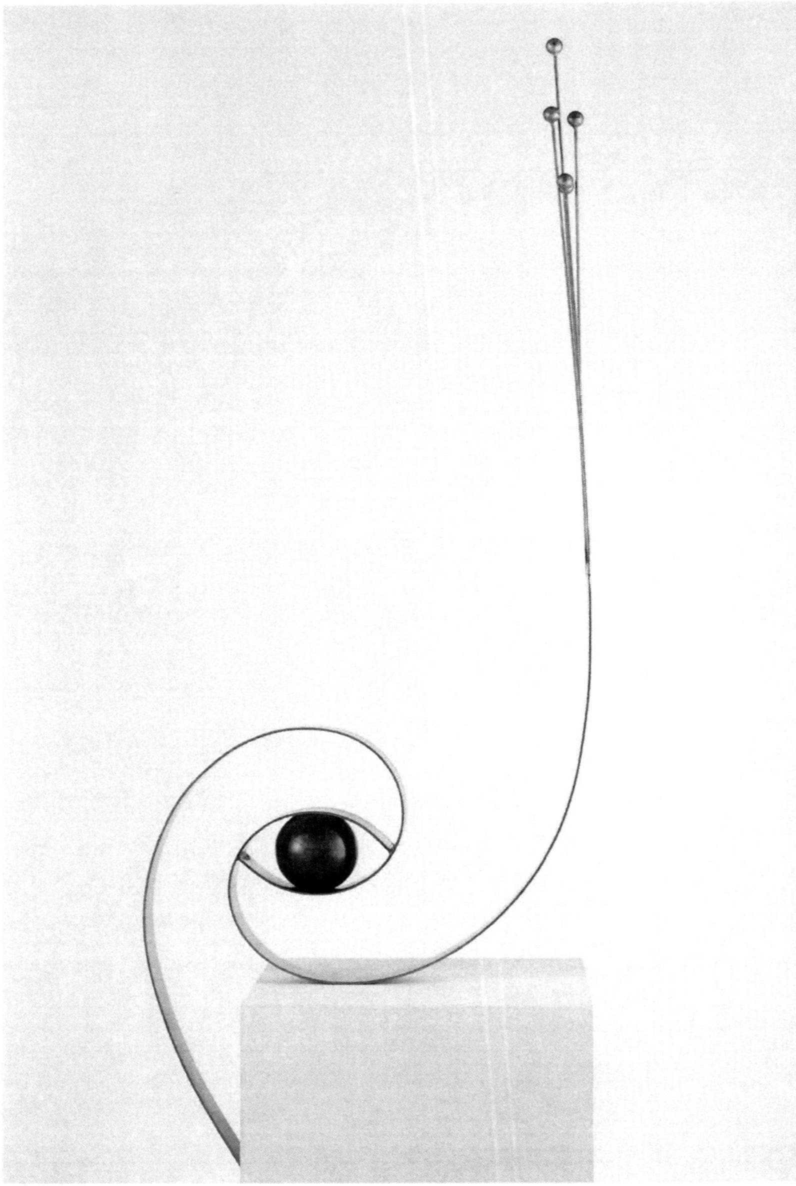

»Doppelschwung«

Der Skandal

Samstag, 11. Oktober 1975 – es war 19.45 Uhr. Dolfi und ich hatten es uns zu Hause am Rosenberg vor dem Fernsehapparat gemütlich gemacht. Am Abend wurde »Gespenster«, ein Theaterstück von Wolfgang Bauer[24], einem unserer Dienstagsfreunde, live aus dem Grazer Schauspielhaus übertragen. Eine der Hauptrollen in Wolfis Stück wurde von Erhard Koren[25], einem weiteren Menschen, dem wir uns verbunden fühlten, gespielt. Erhard hatte ich im »Forum Stadtpark«, einem Kunstzentrum in Graz, kennengelernt. Auch wenn er mit seinen dreißig Jahren um fast vier Jahrzehnte jünger war als ich, hatten wir uns auf Anhieb gut verstanden. Seitdem war auch er immer wieder bei unserem Jour fixe zu Gast. Wen wundert es, dass wir uns diese Fernsehübertragung nicht entgehen lassen wollten.

Wir freuen uns schon auf einen unterhaltsamen Abend. Das wird sicherlich ein Spaß. Ich weiß von Wolfi Bauer, dass er seit geraumer Zeit, immer wenn er im Gasthaus war, ein kleines Tonband in der Tasche hatte, das er unauffällig mitlaufen ließ. Er hat so »dem Volk aufs Maul geschaut« und ehrliche Worte gesammelt für sein Stück, das heute im ganzen Land zu sehen ist. Erfreulicherweise wird in Farbe übertragen.[26] Ein Moderator des ORF verkündet zu Beginn, dass »Gespenster« heute im Rahmen des Kunstfestivals »Steirischer Herbst«[27] aufgeführt werde, dass das Stück bereits in Berlin, Lon-

---

24 Wolfgang Bauer (1941–2005) war ein österreichischer Schriftsteller, der in den 1970er-Jahren als bedeutendster österreichischer Dramatiker (neben Thomas Bernhard und Peter Handke) galt. Literatur-Nobelpreisträgerin Elfriede Jelinek über Wolfgang Bauer: »Der wichtigste zeitgenössische österreichische Dichter.«

25 Erhard Koren (*1944), Schauspieler, Sänger, Schriftsteller und Maler, kann auf zahlreiche Theaterengagements im deutschsprachigen Raum und Mitwirkung in diversen TV-Produktionen zurückblicken.

26 Die erste Farbfernsehsendung in Österreich gab es am 1. 1. 1969.

27 »Steirischer Herbst«: internationales Festival für zeitgenössische Kunst, das seit seiner Gründung 1968 jährlich von September bis Oktober stattfindet. Es ist das älteste Festival für avantgardistische Kunst in Europa.

don und München zu sehen war, um am Ende die Zuschauer vor dem zu warnen, was jetzt gleich kommen würde. Endlich beginnt das Spiel. Laut ist »Kozmic Blues« von Janis Joplin zu hören. Ein Zimmer ist zu sehen, wo wirres Durcheinander herrscht. Im Vordergrund zwei Männer, die es sich in bequemen Stühlen gemütlich gemacht haben. Regungslos sitzen sie da. Der eine wird von uns sofort als Erhard erkannt. Hinter ihm befindet sich, gut einsehbar für alle, eine Dusche. Da kommt eine Frau. Dreht das Wasser auf. Beginnt sich auszuziehen. Splitternackt lässt sie das Wasser über ihren Körper fließen. Keiner der Männer nimmt Notiz davon.

Ich beobachte Dolfi. Ihr Gesichtsausdruck zeigt mir, dass ihr die Szene gar nicht gefällt, was mir durch ein gezischtes »Muss das wirklich sein?« schnell bestätigt wird. Ihre Meinung teilen wahrscheinlich die meisten Menschen im Land. Ist doch Nacktheit noch immer für viele etwas, das nicht natürlich, sondern eher peinlich ist. Ich erinnere mich an meine jungen Jahre. Daran, wie auch ich in aller Öffentlichkeit völlig nackt durch die Gegend lief. Ich muss so um die zwanzig gewesen sein. Begierig nach neuen Erfahrungen. Oft hatte es mich damals in die Berge gezogen. War ich weiter oben angelangt, umgeben von menschenleerer Natur, die wärmende Sonne auf der Haut, kam mir ein für viele wohl ungewöhnlicher Gedanke. Wie es sich wohl anfühlen würde, nackt durch dieses Paradies zu wandern? Ich wollte es genau wissen. Schnell hatte ich mich meiner Kleidung entledigt, um nur mit Bergschuhen bekleidet, den Rucksack am Rücken, in dem nun mein Gewand verstaut war, zum Gipfel zu gelangen. Immer wieder wiederholte ich das nackte Spiel. Suchte bewusst nach schwierigen Steigen, wo nicht zu erwarten war, anderen über den Weg zu laufen. Ein wunderbares Gefühl von Freiheit war es, das mich dabei immer wieder überkam. Noch stärker der Natur verbunden fühlte ich mich, noch wohler in meiner Haut, die sanft von Luft umströmt wurde. Nur einmal, da passierte es, dass mir ein einsam wanderndes Pärchen entgegenkam. An einer Engstelle, auf einem ganz schmalen Steig. Unmöglich, unbemerkt zur Seite zu weichen. Blitzschnell trug ich den Rucksack wie ein Schutzschild vor mir her, um den beiden die Begegnung erträglicher zu machen. Grüßte freundlich, während die beiden mit schmunzelndem Gesicht an mir vorbei nach oben zogen. Ein Lächeln huscht über mein Gesicht, während im Fernsehen noch minutenlang die nackte Frau unter der Dusche zu sehen ist.

Erst fünf Minuten später fällt auf der Bühne das erste Wort. Zwei Paare stehen im Mittelpunkt. Unkonventionell werden von ihnen Beziehungen gelebt. Offen wird über Sexualität gesprochen. Der Tag wird im Schnaps ertränkt. Entfliehen wollen sie so der öden Leere der zu normalen Welt. Die Dialoge teils intelligent, teils jenseits des guten Geschmacks – völlig losgelöst von gesellschaftlicher Norm. Weder Standesdünkel noch Statussymbole spielen hier eine Rolle, ohne Maske zeigen sich alle der Welt. Unverfälscht, ehrlich, gnadenlos. Es ist ein Treffen der Unnormalen. Eine Ballung unangenehmer Ehrlichkeit. Wiederholt gibt es Szenenapplaus. Dann Besuch aus der Schweiz. Magda, ein unbedarftes Mädchen, erscheint auf der Bühne. Schnell wird sie in das unnormale Leben der Gastgeber verstrickt. Es wird gedichtet, gerülpst und gerauft. Lacher im gar nicht prüden Publikum. Applaus. Bis wieder eine nackte Frau zu sehen ist.

Dann der letzte Akt. Der Höhepunkt des Abends: Die beiden Paare, die drei Akte lang so unnormal wie möglich waren, entschließen sich zu einem gar verrückten Spiel. Beim Abendessen wollen sie normale Menschen sein, einen ganzen Abend lang Normale spielen – nur so zum Spaß. Ihre Gesichter sind dabei zu weißen Masken geschminkt. Dahinter lässt sich das wahre Ich gut verstecken. Sie spielen ihre Rollen gut, entsprechen Erwartungen, sind konventionell. Tragen die Kleidung adrett und hochgeschlossen. Man regt sich brav über Nacktheit auf. Führt langweilige, inhaltslose Gespräche. Gewählt sprechen sie all die Worte, die Wolfi Bauer im Gasthaus mit seinem Tonband gesammelt hat. Standesunterschiede und Automarken werden plötzlich zum Thema gemacht. Die Tischmanieren sind steif. Alle Ecken und Kanten weichgespült, alle Bewegungen wohl überlegt. Aus Rebellen sind nun brave Bürger geworden. Begeisterter Applaus honoriert den radikalen Wandel.

Immer wieder Lacher aus dem Publikum für die groteske Parodie. Nur eine hält sich nicht an das ausgemachte Spiel. Magda, der Besuch aus der Schweiz. Auch sie hat mitgemacht beim inszenierten Rollentausch. Doch nun zieht sie sich aus. Reißt sich die Kleider vom Leib. Will die Rolle, die ihr da zugeteilt worden ist, die Gespenster, welche die anderen gerufen haben, abstreifen, so schnell wie es nur geht. Da taucht ein echtes Rettungsauto auf. Fährt mit Blaulicht ins Bühnenbild hinein. Ein Arzt steigt aus, um Magda, die inzwischen nackt auf der Bühne steht, für krank zu erklären. Denn sie ist nun die Unnormale in dem normalen Spiel. Schnell ist die Zwangsjacke angelegt. Mit Folgetonhorn wird sie weggeschafft. Weggesperrt von den scheinbar Normalen, die nun auf der Bühne verbleiben. Zu guter Letzt kommentiert Erhard völlig verschwitzt – nun wieder unnormal – das normale Spiel mit den Worten: »Das war das härteste Spiel, das ich je gespielt habe.«

Innerlich jubelte es in mir, da er mir aus der Seele sprach. Denn gar anstrengend stellte ich es mir vor, nicht mein, sondern ein gespieltes Leben zu leben. Frenetischer Applaus beendete den Abend. Nach fast drei Stunden war das Spiel vorbei. Dolfi war wenig begeistert von dem, was sie zu sehen bekam. Ganz im Gegensatz zu mir, der den Abend als sehr gelungen empfand. Doch so wie uns beiden ging es gar vielen im ganzen Land. Heftige Diskussionen wurden in den Tagen darauf in den Medien geführt. Vertreter traditioneller und progressiver Kunst prallten scharf aufeinander. Von einigen wurde das Stück zu großer Kunst, von anderen zum Skandal erklärt. Es sei zu viel des Guten, was man zu sehen bekomme, es würden zu viele abstoßende, unschöne Worte gebraucht. Zu schonungslos werde das Leben dargestellt.[28]

Bald würden auch wir diesen Konflikt am Rosenberg lautstark erleben. Doch bis dorthin sollten noch einige Tage vergehen.

---

28 Letztendlich wurde »Gespenster« noch über zehn Mal aufgeführt. Der »Skandal« war eine wunderbare Werbung für das Stück. Alle Vorstellungen waren bis auf den letzten Platz ausverkauft.

Volksgemurmel

»Alkohol- und pornografische Exzesse sollen ein Kunstwerk sein?« Wolfgang Arnold[29] trieb es die Zornesröte ins Gesicht. Der Journalist war völlig außer sich. Bereits vor einigen Tagen hatte er, wohl vom Ärger getrieben, in seiner Zeitung die Zuschauer von Wolfi Bauers Stück pauschal als »Saubartel«[30] beschimpft. Mich wunderte es nicht, dass es heiß herging hier am Rosenberg. Standen sich doch an diesem Dienstagabend, nur wenige Tage nach der Fernsehübertragung, mit Arnold und Bauer zwei künstlerische Erzfeinde unmittelbar gegenüber. Mit wüsten Schreiattacken gab Bauer es dem Arnold nun zurück.

»Kunstbanause« – »widerwärtig«. »Biedermann« – »Skandal«. »Verklemmt« – »abartig«. »Erzkonservativ« – »krank«. Seit Minuten flogen immer schärfer die Worte hin und her. Wie zum Duell standen sich die wortgewaltigen Kontrahenten in unserer »Stub'n« gegenüber. Dicht hatten sich die anderen Gäste um sie geschart, ihren jeweiligen Favoriten anfeuernd. Auch ich nahm als stiller Beobachter am turbulenten Geschehen teil. Und ich konnte beide gut verstehen – den fast sechzigjährigen Kulturredakteur genauso wie den nur halb so alten Literaten. In unterschiedlichen Welten waren sie daheim. Arnold, dessen Universum von alten Werten und Idealen geprägt war und der in allem, was seinen Werten widersprach, eine große Bedrohung sah. Hingegen Bauer der Avantgardist, dem genau das zu vorsintflutlich und damit ein absoluter Gräuel war. Zu unterschiedlich betrachteten sie die Welt, waren einander nur Provokation. Chancenlos das Unterfangen, mit Diskussion zum guten Ende zu gelangen.

Wieder einmal wurde mir vor Augen geführt, was ich selbst so oft schon erfahren hatte, wie unterschiedliche Sichtweisen völlig

---

29 Wolfgang Arnold (1921–1998), Kulturredakteur der »Südost-Tagespost«, Schriftsteller.

30 Österreichische Bezeichnung für Schmutzfink.

verschiedenes Fühlen, Erleben und Verhalten hervorbringen. Und obgleich mir dies inzwischen wohl bekannt war, inspirierte mich der Disput der beiden und fachte neue Ideen in mir an. Bereits drei Tage später brachte mich der rote Prinz nach Parz. Hier gab es alles, was nötig war, um die neuen Ideen zu Papier zu bringen: eine alte Steindruckpresse und passendes Werkzeug – Geschenke einer Druckerei, die modernisiert hatte werden müssen. Verschiedene Steindrucke[31] wollte ich herstellen. Ich liebte es, mich dieser jahrhundertealten Technik zu bedienen, mit der ich nicht nur Bilder anfertigen, sondern diese gleichzeitig auch vervielfältigen konnte. Ein Motiv hatte ich bereits im Kopf. »Im Abseits« sollte es heißen. Illustrieren sollte es all das, was am Rosenberg so lautstark vor sich gegangen war.

Konzentriert zeichne ich die ersten Konturen mit fetthaltiger Kreide spiegelverkehrt auf eine dicke Platte aus Stein. Strich für Strich wird so die Vorlage für den Druck geschaffen. Danach übertrage ich in einem aufwendigen Verfahren Farbe um Farbe – zuerst Blau, dann Gelb, dann Grün – vom Stein mit der Presse auf das Papier. Ich genieße es, konzentriert in dieses Tun zu tauchen, fast einer Andacht gleich.

Einen ganzen Tag hatte ich mit dem farbigen Spiel verbracht. Zehn idente Bilder Schicht für Schicht zu Papier gebracht. Zufrieden nehme ich eines der fertigen Blätter zur Hand und betrachte jedes Detail. Genau so hatte ich es mir vorgestellt. Eine Gruppe von Menschen – zu Puppen stilisiert – ist zu sehen, die Köpfe dicht zum Tratsch zusammengesteckt.

---

31 Steindruck (Lithografie) ist eine zweihundert Jahre alte, zeitaufwendige Drucktechnik, die heute nur mehr von Künstlern genutzt wird. Mit fetthaltiger Kreide oder mit Tusche wird ein Motiv oder ein Text spiegelverkehrt auf eine dicke Steinplatte gezeichnet. Danach wird der Stein präpariert, mit Farbe eingewalzt, das Druckpapier aufgelegt und mit einer Presse aufs Papier gedrückt. Durch die Präparierung wird die Farbe nur von den Stellen aufgenommen, wo fetthaltige Kreide/Tusche angebracht ist. Andere Stellen bleiben beim Druck weiß auf dem Papier. Wird in Farbe gedruckt, wird für jede Farbe ein eigener Stein benötigt. Da die damit aufgedruckten Farbschichten miteinander reagieren, entstehen Mischtöne, die schöne Effekte erzielen.

Doch einer steht im Abseits, wird beharrlich ausgegrenzt, erfährt so seine Strafe – die Konsequenz, weil er anders ist als die, die sich zusammengetan haben, nur weil sich sein Blick auf die Welt von dem ihren unterscheidet.

FOTO: MARKUS SCHUSTER

»Im Abseits«, 1975, Handpressendruck (Nr. 1 von 10)

Noch viele Tage sollte mich dieses Thema begleiten. Hinausschreien wollte ich es am liebsten. Doch kein Schrei, vielmehr ein Geflüster ist letztendlich daraus geworden. Ein »Volksgeflüster«[32] – eine Installation, bestehend aus einer Gruppe lebensgroßer Puppen, ganz ähnlich denen, die ich bereits als Bild dargestellt hatte. Mit Hohlköpfen sind sie versehen, im Inneren mit Elektronik bestückt. Sobald jemand dieser Gruppe zu nahe kommt, wird ein Bewegungsmelder informiert. Sofort hört der Eindringling wildes Gemurmel. Abgespielt von einem Endlosband beginnen sich die hohlen Köpfe das Maul zu zerreißen. Erlebt wird jetzt der Tratsch, dem oftmals jene gnadenlos ausgesetzt sind, die als nicht normal empfunden werden. Ein Plädoyer für die Akzeptanz unterschiedlicher Sichtweisen, Herangehensweisen und Ideen wollte ich damit schaffen. Nicht zum Nachteil der Welt würde diese Akzeptanz wohl sein. Sind es doch gerade diese Unnormalen, diejenigen, die anders denken und handeln als der Rest, die die Menschheit weiterbringen, wie etwa Gandhi oder Einstein es taten. Wer würde sie wohl heute noch kennen, wären sie so normal wie die anderen gewesen?

32 Die Installation »Volksgeflüster« war zwischen 1976 und 1982 in diversen Ausstellungen zu sehen, unter anderem im Grazer Künstlerhaus und in der Ausstellung »Die Maske in unserer Zeit« zum zwanzigjährigen Bestehen des Künstlerzentrums Schloss Parz.

Spielereien

»Orange«

»Gepresste Zitrone«

»Angebissener Pfirsich«

FOTOS: MARKUS SCHUSTER

Homo ludens

Unerwartet fand ich neues Arbeitsmaterial am Rosenberg vor. Ein alter Mopedauspuff, den ich zuvor noch nie gesehen hatte. Von einem Tag auf den anderen war er in meiner Werkstatt aufgetaucht. Wahrscheinlich hatte einer von Wolfs Söhnen – Christoph oder Wolfram, die beide bereits zu Teenagern herangewachsen waren – diesen in meine Werkstatt gelegt. Die beiden, die uns regelmäßig hier am Rosenberg besuchen kamen, wussten, wie sie ihrem Großvater eine Freude bereiten konnten. Denn auch wenn ich inzwischen schon weit über siebzig war, machte mir das Schaffen mit Metall noch genauso viel Spaß wie am ersten Tag. Wie ein Kind, das ein neues Spielzeug bekam, machte ich mich sofort ans Spielen.

»Hänggi folgte seiner vom Spieltrieb genährten Fantasie. Seine Gabe zur Improvisation ließ aus alten Abfallprodukten neue Metallskulpturen entstehen. Sie erzählen Geschichten aus dem Reich der Imagination. Nicht nur in seinem Garten errichtete sich der Künstler eine üppige Gegenwelt zu düsteren Kriegserfahrungen und bereicherte damit sowohl sich selbst als auch sein Publikum.«

***Martin Behr**, Kulturredakteur, Salzburger Nachrichten*

Ich hatte auch schon eine Idee, was aus dem Auspuff werden könnte. Schnell waren passende Kleinteile gefunden, die ich mit dem alten Stück Technik verbinden konnte. Gerade mal sechs Schweißpunkte waren nötig, um aus dem Auspuff ein Tier mit vier Pfoten zu erschaffen. Voller Freude betrachtete ich das neue Geschöpf, für das im Garten schnell ein neues Heim gefunden war. Wie ich es noch immer genoss, Neues, Skurriles aus Abfällen zu schaffen!

Gezeichnet von Enkel Chris Scheuer.
Das Original ist verschollen

Leider sollte meine Freude an dem neuen Objekt nur von kurzer Dauer sein. »Großpapa, hast du den Auspuff gesehen, den ich in die Werkstatt gelegt habe?«, fragte mich mein Enkel Christoph noch am selben Tag besorgt. Bereits Schlimmes ahnend, nahm ich meinen Enkel bei der Hand und führte ihn in den Garten, wo der Auspuff, zu einer animalischen Kreatur verwandelt, zwischen anderen Fantasiegestalten stand. Ungläubig verharrte Christophs Blick auf dem vierpfotigen Tier, das ihn frech anzustarren schien. Am Tag zuvor hatte er den Auspuff, den er günstig auf einem Flohmarkt erstanden hatte, in der Werkstatt deponiert. Doch hatte er keineswegs die Absicht, mir eine Freude zu machen, vielmehr wollte er sein Moped reparieren, dessen Auspuff wohl nicht mehr der beste war. Betroffen sah ich Christoph an. Musste mich für meine so frivole Tat entschuldigen. Brachte gerade noch hervor, dass ich eben ein Homo ludens[33] sei – ein spielender Mensch, wie mich ein Kunsthistoriker[34] einmal genannt hat –, der dem Spiel, einem Süchtigen gleich, schwer widerstehen könne. Christoph hörte sich meine Abbitte mit stoischer Miene an, bis er so schallend zu lachen begann, dass ich nicht anders konnte, als es ihm gleichzutun.

»Ich erinnere mich an Hänggi als einen Künstler, der bis ins hohe Alter jugendlich neugierig blieb. Er experimentierte gern mit Materialien und Techniken und erzielte manchen überraschenden Effekt.«

***Prof. Kurt Jungwirth**, ehemaliger Kulturlandesrat der Steiermark*

---

33 Der Homo ludens (lat.), auf Deutsch »der spielende Mensch«, ist ein philosophisches Erklärungsmodell, wonach der Mensch seine Fähigkeiten vor allem über das Spiel entwickelt. Er entdeckt beim Spielen seine persönlichen Fähigkeiten und wird über seine Erfahrungen zu der Person, die er sein kann.

34 Dr. Ernst Köller, Kunsthistoriker, Autor diverser Kunstbücher und Kunstreferent der Stadt Graz, fasste in einem Aufsatz über Hänggi zusammen: »Alles in allem ist Hänggi ein echter Poet, weil er ein echter ‚Homo ludens' ist.«

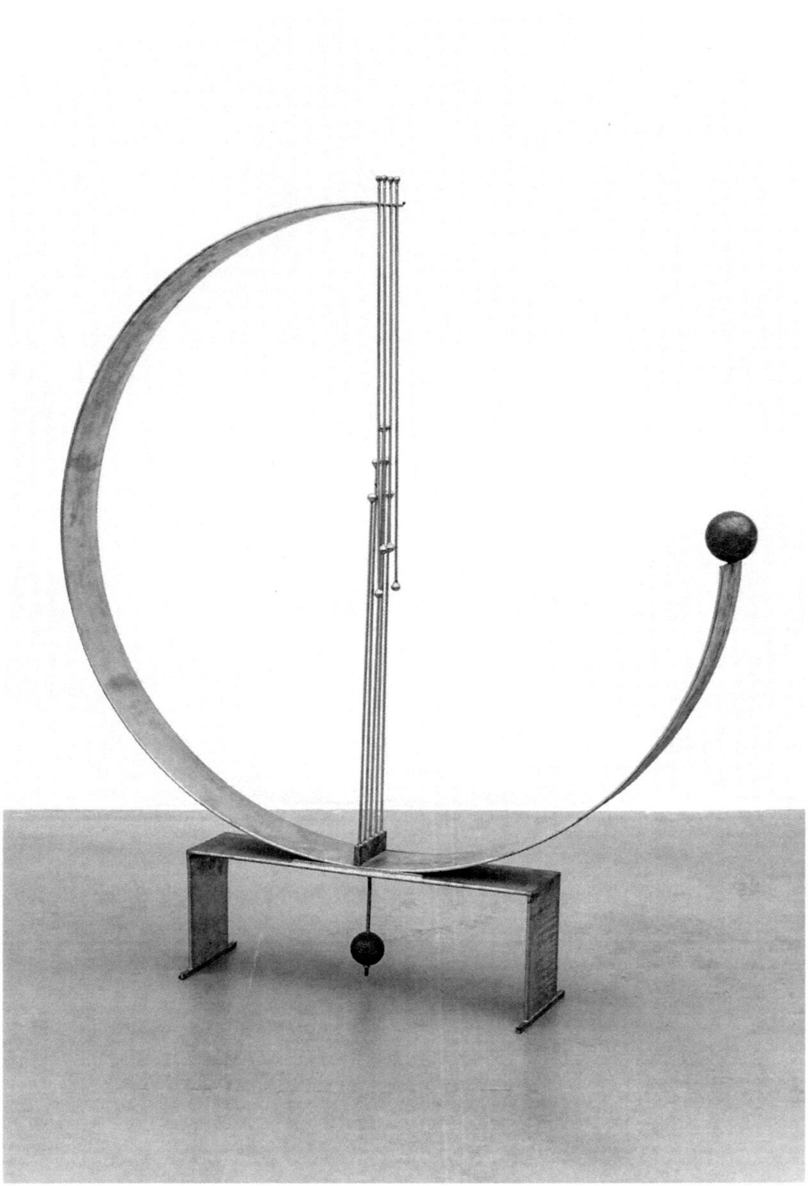

Klangobjekt, 1972 (im Besitz des LENTOS Kunstmuseums)

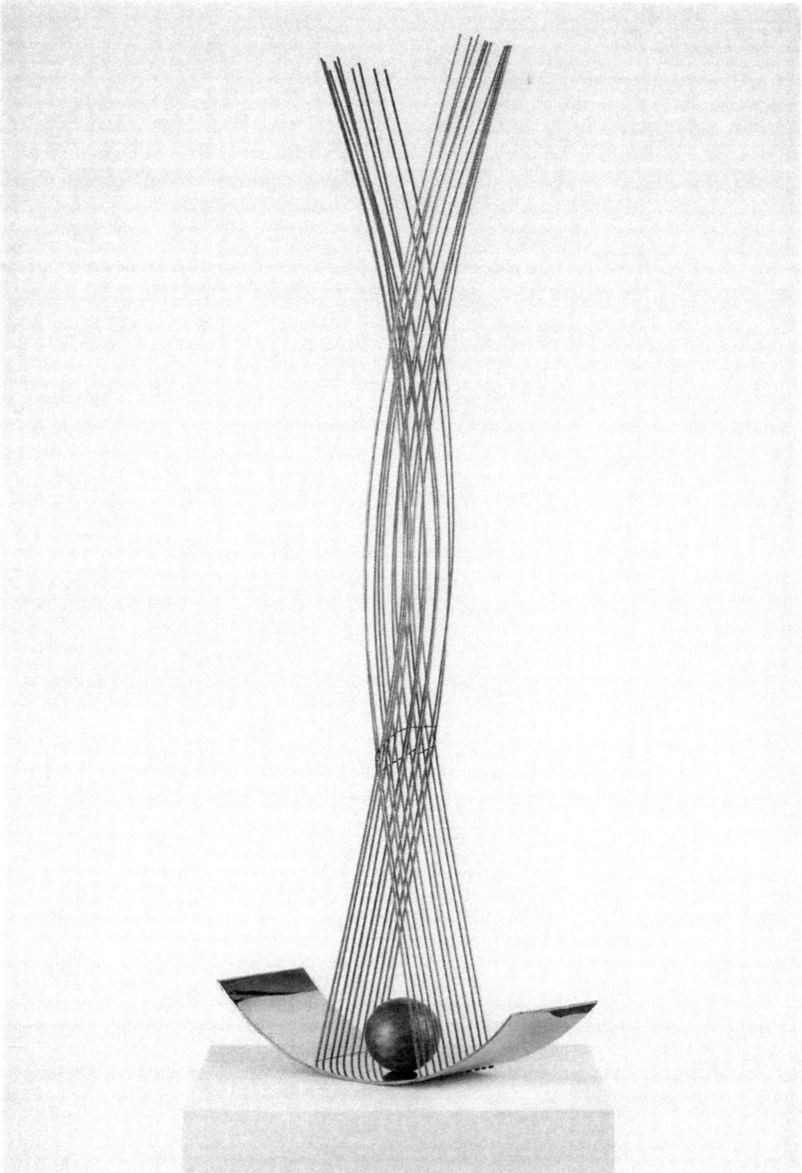

Klangobjekt »Schilfgräser«, 1979 (im Besitz des Joanneums)

Eduard Hänggi mit Enkel Wolfram

Wolfram

»Großpapa, was soll ich tun?« Mit besorgter Miene wurde ich von meinem Enkel Wolfram um Rat gefragt. Er, der jüngere Sohn von Wolf, machte mir mit seinen gerade mal sechzehn Jahren ein viel zu besorgtes Gesicht. Wir verstanden uns äußerst gut. Seit Jahren schon kam er mehrmals die Woche hier bei uns am Rosenberg vorbei. Seine Besuche waren zu einer lieb gewonnenen Gewohnheit geworden. Ich hatte ihm vor einiger Zeit eine Lehrstelle als Schlosser vermittelt, da zu beobachten war, wie gern auch er mit seinen Händen arbeiten wollte. Er war ein sehr interessierter junger Mann. Immer wieder hatte er mich beim Arbeiten in der Werkstatt beobachtet, mich das eine oder andere gefragt. Schweißen hatte er bereits als Vierzehnjähriger von mir gelernt. Doch mit seiner Arbeit als Lehrling war er offenbar gar nicht zufrieden.

»Immer öfter stelle ich mir die Frage, was ich da tue.« Wolfram schien wirklich unglücklich zu sein. »Bereits um sieben Uhr in der Früh geht es los mit enormem Lärm – und das, obwohl ich ganz und gar kein Morgenmensch bin. Doch das ist noch gar nicht das Schlimmste. Je mehr Tage ich in der Firma verbringe, umso mehr merke ich, dass mir diese Arbeit nicht die geringste Freude macht.« »Wolfram, glaubst du, dass du als Lehrling das jetzt schon beurteilen kannst?« Ganz ruhig hatte ich meine Frage gestellt. »Ja, davon bin ich überzeugt. Weil ich ja täglich zu sehen bekomme, was all die anderen, die schon seit Jahren da arbeiten, tagtäglich tun.« Ich war erstaunt, wie überzeugt der sonst eher schüchterne Wolfram seine Worte hervorbrachte.

»Wolfram, was du tust, musst du selbst entscheiden. Ich kann dir jedoch von mir erzählen. Mir ist es mal ganz ähnlich wie dir ergangen, auch wenn die Umstände völlig andere waren.« So erfuhr er von meinen ersten Schritten mit den selbst gemachten Basteleien, davon, dass mich das nicht wirklich glücklich machte, wie gut es mir plötzlich ging, als ich das zu tun begann, was mir Freude bereitete, und wie ich über die Zeit immer mehr zum »Homo ludens« wurde, was mir wahrscheinlich sogar das Leben gerettet und seinem Bruder einen Auspuff gekostet hatte. Bereits vierzehn Tage später hatte Wolfram seine Stelle aufgegeben. Ich konnte beobachten, wie er anfing, sein Leben selbst in die Hand zu nehmen. Er bat mich, meine Werkstatt benutzen zu dürfen, was ich ihm gern zugestand. Ich ließ ihn tun, ohne mich einzumischen, hörte ihn hämmern und bohren, tagelang. War schon neugierig, was er da zu produzieren begann.

Verschiedenste Lampen hatte Wolfram hergestellt, aus unterschiedlichsten Teilen zusammengebaut. So wie ich meine Skulpturen, fertigte auch Wolfram seine Leuchtkörper aus Abfallprodukten. Christoph, sein älterer Bruder, hatte ein Antiquitätengeschäft weit unten in der Stadt, wo Wolframs Lampen bald zum Verkauf standen. Sie verkauften sich ausgesprochen gut, was Wolfram – vom großen Anklang überrascht – immer mutiger machte. Er begann mit unterschiedlichsten Materialien zu experimentieren, verband miteinander, was ihm so unterkam. Ich war von der Qualität seiner Arbeit überrascht – und wenngleich er sich selbst noch als Handwerker sah, der nützliche Gebrauchsgegenstände schuf, war für mich der Künstler in ihm kaum zu übersehen.

Als Wolfram wieder einmal mit fertigen Lampen die Werkstatt verließ, nahm ich ihn kurz zur Seite. »Wolfram, hast du nun das gefunden, was dir wirklich Freude macht?« Er blickte mich nachdenklich an. »Es gefällt mir, aber ganz befriedigt mich diese Arbeit noch immer nicht. Doch ich weiß nicht, was ich sonst machen sollte. Außerdem verkaufen sich die Lampen gut.« »Wolfram, es muss nicht immer alles einen Sinn haben!«, antwortete ich ihm. Mehr sprachen wir nicht, denn er musste weiter. Doch ab jetzt verließen nicht nur Lampen den Rosenberg. Wolfram fügte Figuren und Tiergestalten seinem Sortiment hinzu. Kombinierte Stein, Glas, Metall und Holz. Eignete sich unterschiedliche Techniken an, ganz Autodidakt, wie auch ich es gewesen war. Immer weniger Lampen wurden im Laufe der Zeit erzeugt, immer öfter war es Abstraktes aus Wolframs Hand, das die Werkstatt verließ – und ich sah, wie sehr er es genoss, mit all den Materialien zu spielen. Ein weiterer Homo ludens war in unserer Familie geboren.

---

*»Großpapa hatte schon lange vor mir mein Potenzial als Künstler erkannt. Doch erst seine Worte ‚**Wolfram, es muss nicht immer alles einen Sinn haben!**' hatten es geschafft, meinen Fokus weg von Gebrauchsgegenständen auf das, was mir wirklich Freude bereitet, zu lenken.«*

***Wolfram Rindler**, Enkel*

Amtsarzt

15. August 1987 – nun war ich tatsächlich achtzig geworden. Die ganze Familie fand sich dazu am Rosenberg ein. Dolfi, elf Enkel, die Kinder und Schwiegerkinder – mehr als zwanzig Köpfe an der Zahl – trafen sich zur ausgelassenen Gratulation. Treue Freunde machten ihre Aufwartung oder riefen an. Es gab Zeitungs- und Fernsehmeldungen[35], die alle mein Alter zum Thema machten.

Trotzdem fühlte ich mich noch immer fit genug. Enthusiastisch widmete ich mich weiter meiner Kunst. Eine Ausstellung in Parz. Zwei in Graz. Unermüdlich war ich am Werken. Und sollte ich wirklich einmal ganz müde sein, war ich sofort wieder munter und voller Kraft, weil ein einfühlsamer Freund bei mir erschien und mir ein ausrangiertes Stück Metall – einem Lebenselixier gleich – zum Geschenk machte. Röhren, Stangen und Scheiben waren es zuletzt. Zu Dolfis Ehren – für die Musik fast alles war – ist ein »Jazz-Terzett« daraus geworden. Eine metallene Liebesgabe, Musiker, mitten im Rhythmus erstarrt, um in Dolfis Geiste zu erwachen und wieder hörbar zu werden, nur für sie.

Solange mein Körper mich arbeiten ließ, sah ich keinen Grund, das sein zu lassen, was mir so große Freude machte. Nur Dolfi, die wenige Monate jünger war als ich, wünschte sich, dass ich ein wenig ruhiger treten möge. Sie sorgte sich um meine Gesundheit, obwohl ich – auch wenn betagt – keinen Grund dafür erkennen mochte. Doch Dolfis Sorge war groß. Ich sollte um Pflegegeld bei der Behörde ansuchen, was ich auch ihr zuliebe, jedoch widerstrebend tat. »Der Doktor ist da!«, bekam ich einige Wochen später von Dolfi zu hören.

---

35 Schriftstellerin Grete Scheuer für den ORF: »Ein Achtzigjähriger, der sich selbst überwand, sein Leben lebt und nicht verschläft.«

Salzburger Nachrichten, Martin Behr: »Weiße Haare, agil und vital, so kennen und lieben ihn die Grazer. Als einen, der ständig sucht und ständig spielt – und eigentlich nichts finden will.«

Neue Zeit: »Der Künstler mit dem immerfrischen Schalk in den Gedankengängen zeigt, dass achtzig das beste Alter ist, Kunst und Humor auf einen kreativen Nenner zu bringen.«

Jazz-Terzett

Der Amtsarzt war zum Hausbesuch erschienen, um meine Pflegebedürftigkeit zu bestimmen. Mit Kniebeugen, Liegestützen und Armschwingen empfing ich den guten Mann, der – ganz meinem Empfinden gleich – den Antrag schnurstracks mit ablehnendem Bescheid versah. So wie ich war er der Meinung, dass eine Pflegehilfe für mich gar nicht in Frage komme.

Waldsterben

»Hänggi, was muss ich tun, damit ich diese Gruppe kaufen kann?« Johannes Koren[36] zeigt auf sechs Metallfiguren in meinem Garten. Im Kreis stehen sie da. Düster, schräg und spitz. Bizarr geformt und trostlos. Schön sind sie nicht. Aber das sollten sie auch nicht sein, sonst hätten sie ihren Zweck verfehlt. Vor ein paar Jahren hatte ich die hässlichen Dinger für eine Ausstellung[37] geschaffen. Sie waren als beängstigende Zukunftsvision gedacht. Immer öfter war zu beobachten, wie die Umwelt durch uns Menschen Schaden nimmt. Absterbende Bäume[38] machten bereits den Handlungsbedarf sichtbar. Die eigenwillige Gruppe im Garten ließ alle sehen, was passieren kann, wenn man diese mahnenden Zeichen ignoriert.

Dr. Koren, der als Vertreter der Handelskammer gekommen war, schien das Ensemble trotz seiner harten Formensprache zu gefallen. Doch verkaufen? Das fiel mir schwer. Auch wenn die Gruppe nicht durch Schönheit bestach, war sie mir über die Jahre ans Herz gewachsen. »Gibt es irgendetwas, was ich tun kann, um diese Objekte zu erwerben?«, wiederholte Dr. Koren, der die Figuren für die Kunstsammlung der Handelskammer haben wollte. »Es ist schwer für mich, zu verkaufen«, antwortete ich. »Wenn ich jedoch wüsste, wo alles stehen wird, und ich die Sicherheit hätte, dass es dort auch noch steht, wenn ich nicht mehr bin, dann könnte ich mich vielleicht davon trennen.«

Minuten später saßen wir im Taxi und fuhren den Berg hinunter, direkt zur Handelskammer. Ein guter Platz war bald gefunden. Auch

---

36 Dr. Johannes Koren war Leiter der Abteilung »Medien und Kultur« der Handelskammer und Kulturberater des Landes Steiermark, wodurch er wesentlichen Anteil am Kulturgeschehen des Landes hatte.

37 1984, Grazer Stadtmuseum.

38 Der »saure Regen« war in den 1980er-Jahren in aller Munde. Er gilt als ein Hauptverursacher des Waldsterbens und entsteht durch säurebildende Abgase.

bekam ich die Garantie, dass mein »Waldsterben« nach meiner Lebenszeit[39] an dieser Stelle verbleiben würde. So wurden wir uns schnell einig, was mir die Trennung um einiges leichter machte.

FOTO: THOMAS FISCHER

»Hänggi hat zu den ganz Großen gehört, der leider kaum was verkaufen wollte.«

***Gerhard Sommer**, Galerist, Graz*

39 Tatsächlich steht das »Waldsterben« bis heute an dem von Hänggi ausgesuchten Platz bei der Handelskammer, die seit 1993 Wirtschaftskammer heißt.

FOTO: MARKUS SCHUSTER

Durch dick und dünn

Ich weiß, dass ich Abschied nehmen muss. Aber jede Faser in mir wehrt sich dagegen. Zu viel Liebe, die ich gezwungen werde, plötzlich aufzugeben. Zu viele Erinnerungen, die mich festhalten lassen. Unmöglich erscheint es, diesen grauenhaften Schmerz zu ertragen. »Dolfi ist nicht mehr!« Wie eine glühende Nadel durchbohrt der Gedanke meinen Kopf. Noch vor Kurzem ist es ihr so gut gegangen. Nicht wahrhaben will ich, was jetzt geschehen ist. Widersetze mich trotzig. Bin völlig orientierungslos. »Lass mich nicht allein, Dolfi!« Keinesfalls will ich es akzeptieren.

Viel lieber will ich mich erinnern. Erinnern an all die vielen Jahre, die wir gemeinsam in einem Leben waren. An sechs Jahrzehnte, wo wir durch dick und dünn gingen. An deine zärtliche Berührung auf meinem Gesicht, damals, als ich noch im Lazarett war – überglücklich, deine Stimme zu hören. Daran, wie aufgeregt du immer warst, wenn ich bei einer Vernissage im Rampenlicht stand, so darauf bedacht, adrett gekleidet und schön genug für mich zu sein, selbst mit siebzig noch. Wie glücklich du warst, wenn du mit unseren Töchtern gemeinsam gekocht hast, von lauter Musik und ausgelassenem Tanz begleitet, oder wenn du am Klavier Spaß und Freude gefunden hast. So viel hatten wir in den Jahren erlebt, kein lauter Streit trübte je unsere Zuneigung. Wie stark ich immer war an deiner Seite.

Und jetzt. Ich fühle mich so schwach, so unendlich schwach. Ich kann es gerade noch schaffen, den Pinsel zu halten. Versuche irgendwie, den Schmerz – den grausigen Dämonen des Krieges gleich – aus meinem Körper rauszumalen. Bild um Bild wird von mir geschaffen, über Stunden, über Tage. Wirre Linien sind es, die wochenlang vor mir erscheinen. Dumpfe Farben, die den Schmerz bewältigen wollen. Doch sie können nicht all das, was nun so traurig in mir ist, bekämpfen. Schnell geht das Papier zur Neige. Doch weitermalen – das ist es, was ich jetzt muss. Auf Zeitungen und anderem Papier. Weil es nicht anders möglich ist. Der einzige Weg, das zu ertragen..

FOTO: MARKUS SCHUSTER

Hänggi-Kreuz

Nie hätte ich gedacht, dass es für mich etwas Schlimmeres als Kriegserinnerungen geben könnte. Doch nichts waren sie gegen die übermächtige Trauer, die ich durch Dolfis Tod empfand. Zum Glück ist Wolf – mein lieber Sohn – von unten in der Stadt herauf zu mir gezogen. Alleine würde ich das leere Haus wohl kaum ertragen. Auch Enkel Wolfram, der auf Wohnungssuche war, schloss sich seinem Vater an. Sie tat mir gut, die Nähe dieser Menschen, die meine Trauer teilen konnten.

Auf dem Berg heroben war es ruhiger geworden. Es fanden nun keine Dienstagstreffen mehr statt. Auch hatte ich mich wieder mehr dem Malen zugewandt, weil ich mich viel schwächer empfand, seit meine Liebe gegangen war. Zu mühsam war jetzt das Arbeiten mit Metall für mich geworden. Dieses Kapitel schien für immer beendet. Und doch waren metallene Geräusche von unten aus meiner Werkstatt zu hören, wo Wolfram mit seiner Kunst immer mehr sein neues Leben zu entdecken begann.

Nur sehr langsam gelang es mir, die unbändige Trauer mithilfe von Pinsel und Farbe in erträglichere Sehnsucht zu wandeln. Allmählich fühlte ich wieder am Leben zu sein. Noch immer schwach, doch stark genug, um einen Plan zu schmieden. Ein Objekt wollte ich noch erschaffen. Aber erst drei Jahre nach Dolfis Tod fühlte ich mich dazu stark genug.

Ein Kreuz soll es sein, das ich erschaffen will. Doch ich will nicht das Leid zum Ausdruck bringen, das der Gekreuzigte erfahren hat. Vielmehr die Freude, die mich mein ganzes Künstlerleben lang begleitet hat, möchte ich hier in meine künstlerische Sprache kleiden. Von einem abgebrannten Haus stammen die Balken, die ich dafür verwenden will. Unkonventionell und voller Hoffnung soll es sein, das Abschlusswerk meines Plastikerlebens. Kein Querbalken, wie es bei Kreuzen üblich ist, soll den Blick nach oben hemmen. Auf das Wesentliche will ich reduzieren. Die Nägel, die dem Gequälten ins

Fleisch getrieben, sind zwar noch zu sehen. Doch längst hat die Qual ein Ende gefunden, sind die Dornenkrone und das Leid abgelegt, ist die Freude auferstanden. Das Ende kann etwas Neues, das Unglück uns das Glück gebären, so wie auch ich es nach dem Krieg erfahren habe.[40]

40 Das Hänggi-Kreuz wurde Karfreitag 1992 von einem Grazer Pfarrer gesegnet. Es ist in Privatbesitz in Graz St. Peter, wo es Vorübergehenden gut sichtbar ein Zeichen setzt.

11. April 1994

Die Sonne begleitet mich in diesen Tag, auf den ich mich so lange gefreut habe. Mein Abschluss wird bald beginnen, an diesem Abend heute. Mein letzter Auftritt wird es sein und doch ein neuer Anfang. Gemeinsam werden wir den künstlerischen Weg begehen, danach werde ich innehalten und er, mein Enkel, wird weitergehen.

11. 4. 1994 – Großvater Hänggi und Enkel Wolfram stellen gemeinsam aus.
Was für den Enkel die erste Ausstellung ist, ist für den 87-jährigen Großvater die letzte

Zufrieden, froh und glücklich bin ich über das, was war und was noch wird geschehen. Genießen will ich es, das Spiel, bis ganz zum Schluss, wo es dann wird zu Ende gehen.

»Getroffen«

FOTO: THOMAS FISCHER

Nachwort des Autors

Ich kann mich noch gut an meine erste Begegnung mit Eduard Hänggi Anfang der 1990er-Jahre erinnern. Sein Körper ließ unschwer erkennen, dass er im Krieg schwer getroffen worden war. Doch kein Getroffener war es, der da mit über achtzig vor mir stand. Der kleine, lebhafte Mann mit seinen schneeweißen Haaren und dem weißen Vollbart wirkte trotz seines Alters ungemein jung und aktiv auf mich. Ich spürte förmlich die Lebenslust, die von ihm ausging – allen Schicksalsschlägen und körperlichen Einschränkungen zum Trotz.

Ein kleines, unscheinbares Objekt in seinem Haus, fast nicht als Kunstwerk zu erkennen, drückte all das unspektakulär und doch treffend aus. »Getroffen« hatte er es genannt. Sein Leben damit dargestellt – symbolisch, maximal reduziert. Ein riesiger Hammer schien das Metall getroffen zu haben. Doch nur gestaucht, nicht in die Knie gegangen, steht die kleine Skulptur aufrecht da. Ganz so, wie Hänggi es bereits seit Jahrzehnten tat.

Erstaunlich, wenn man bedenkt, wie wenig die Lazarettärzte darauf gegeben hatten, dass Hänggi auch nur wenige Wochen weiterleben würde. Glücklicherweise ist er einem Arzt begegnet, der die Zusammenhänge zwischen Geist und Körper schon damals zu erkennen schien. Der ihm den weisen Rat gab, ab sofort auf seine Stimmungslage zu achten. Heute wissen wir, welch starke Auswirkungen Gefühle auf Heilungsprozesse haben können. Dass Wunden – ist ein Patient besser gelaunt – viel schneller imstande sind, zu heilen. Dass das Immunsystem[41] in guter Stimmung viel besser funktioniert, als wenn man sich der Schwarzmalerei hingibt.

---

41 Die Psychoneuroimmunologie (PNI) ist das Forschungsgebiet, das sich mit der Wechselwirkung von Psyche, Nervensystem und Immunsystem beschäftigt.

Immer mehr zeigen wissenschaftliche Erkenntnisse, was die eigene Stimmungslage im Körper alles zu bewirken vermag – im Guten wie im Schlechten.[42]

Hänggi nimmt den Rat des Arztes ernst. Findet seine Freude. Erlebt am eigenen Körper, dass er der Qual, die der blutige Krieg in seinem Kopf hinterlassen hat, nicht gnadenlos ausgeliefert ist, und erfährt, dass die Freude seinen Körper bei der Heilung[43] unterstützt – ganz wie es der fortschrittliche Arzt prophezeite. So wird auch er sich immer mehr des Zusammenhangs zwischen Geist und Körper bewusst. Schafft mit »Kopf« das erste Objekt, das dies auszudrücken versucht.

»Kopf«

---

42 Bereits 2010 veröffentlichte US-Psychologe Prof. Edward F. Diener eine Studie, die umfangreich dokumentiert, wie stark Gefühle Gesundheit und Lebenserwartung beeinflussen können (Diener, Ed/Chan, Micaela Y.: Happy People Live Longer: Subjective Well-Being Contributes to Health and Longevity. In: Applied Psychology: Health and Well-Being, 2011, 3(1), 1–43).

43 Nie hatte Hänggi in seiner Zeit als Künstler Medikamente gebraucht. Nie über Schmerzen geklagt. Nur leichte Durchblutungsstörungen hatte er im steifen Bein, das auch ein wenig temperaturempfindlich war.

Zeigt mit »Durchleuchtet« – einer Arbeit aus Kunstharz und Elektroschrott –, dass das, was sich im Kopf tut, auch im Körper widerspiegelt. Dass wir im Kopf schalten und damit über unseren Körper walten.

FOTO: THOMAS FISCHER

»Durchleuchtet«

Mit »Auge in Rot« hat Hänggi später ein Bild geschaffen, das seine Erkenntnisse – noch genauer und doch in aller Einfachheit – zum Inhalt hat.

Der intensive rote Hintergrund ist wohl gewählt. Er drückt aus, mit welcher Kraft menschliche Sichtweisen versehen sind. Die Linien deuten die Richtung an, in die sich diese Kraft entfalten kann. Sie zeigen, dass unser Blick uns herunterziehen oder auch aufbauen kann. Das ist die Regel, die Hänggi hier dargestellt hat. Er hat – auch wenn ihm dies wohl nicht bewusst war – neurologische Prozesse beschrieben, die heute nachgewiesen sind. Dass die eigenen Sichtweisen es sind, die über das Fühlen entscheiden. Dass unsere Sichtweisen es sind, die körpereigene Chemikalien aktivieren, die wir dann als Druck, Stress, Ärger, Freude, Hoffnung, Zuversicht und andere Gefühle spüren. Wer sich, sobald ein Gefühl hochkommt, die Frage stellt: »Wie habe ich gerade gedacht?«, der wird, so wie Hänggi, schnell erkennen, dass es tatsächlich unsere Sichtweisen sind, die unsere Gefühle erschaffen.

Das zeigt auch das Bild »Rotation« ein wenig später. Das Auge in der Mitte ändert je nach Sicht die Farbe (= das Gefühl), was einen Schweif (= Folgewirkungen) nach sich zu ziehen scheint. Und wieder hat Hänggi die Regel sichtbar gemacht: Der Wechsel der Sicht-

FOTO: MARKUS SCHUSTER

»Rotation«

weise verändert das Gefühl, was starke Folgen[44] hat. Immer wenn es Hänggi gelang, mithilfe seiner Kunst die unerträglichen Kriegserinnerungen zu vertreiben, hat er diese Veränderung erlebt. So wurde das Auge für ihn zum wichtigen Symbol. Immer wieder taucht es in seinen Arbeiten auf. Selbst sein Grabmal am Grazer Leonhardfriedhof wird auf seinen Wunsch von einem riesigen Auge geziert, das er selbst aus Metall bereits 1975 geschaffen hat.

---

44 Gefühle ziehen tatsächlich unterschiedlichste Kettenreaktionen nach sich. Sie beeinflussen Gesundheit, Verhalten, Erscheinungsbild, Kommunikation, Handlungsvermögen, Veränderungsbereitschaft u. v. m. – und damit unser ganzes Leben. Nicht umsonst meinte bereits der römische Kaiser und Philosoph Marc Aurel: »Unser Leben ist das, was unser Denken aus ihm macht.«

Skulptur »Auge« (ziert heute Hänggis Grabmal)

Die Beschäftigung mit Kunst war für Hänggi immer ein Bad in schönen Gefühlen. Sein innerer Antrieb war die Freude am künstlerischen Spiel. Nie wäre es ihm in den Sinn gekommen, sich nach Stilen oder Trends zu richten. »Ich mache immer nur das, was ich mag«, hört man Hänggi in einem Interview[45] sagen. Hätte er mehr seiner Arbeiten verkauft und Marketing betrieben, wäre er wohl bekannter geworden. Hänggi: »Das war nie mein Ziel. Nie wollte ich berühmt werden. Nie wollte ich, dass mein Name in aller Munde ist. Ich hatte immer nur ein Ziel: selbst Freude an meiner Kunst, Freude am Tun zu haben und andere[46] damit zu erfreuen.«

Besonders auffällig bei all den Interviews, die ich im Rahmen meiner Buchrecherche mit WeggefährtInnen führen durfte, war, dass ausnahmslos alle Hänggi als einen fröhlichen, freundlichen, äußerst sympathischen, aber auch bescheidenen Menschen erlebten. Es kann keinen schöneren Beweis geben, dass er tatsächlich die Freude in seinem Leben hatte. Würde doch ein schlecht gestimmter Mensch kaum diese Wirkung auf seine Umgebung haben.

»Wo Hänggi auftritt, geht die Sonne auf.«

***Karl Hans Haysen**, bis 1982 Kulturchef der Kleinen Zeitung*

---

45 23. 5. 1993, Öl MENSCHENBILDER: »Ein Garten aus Klängen – Eduard Hänggi« (Untertitel: Die Sendung vom geglückten Leben).

46 Auf über 25 Einzelausstellungen und weit über 50 Gruppenausstellungen im In- und Ausland konnte Hänggi am Ende seines Künstlerlebens zurückblicken. An fast allen wichtigen Kunstereignissen im deutschsprachigen Raum hatte er teilgenommen. Viele Einladungen musste er ablehnen, da er als Einmannbetrieb nicht in der Lage war, noch mehr zu leisten.

»Ich habe Eduard Hänggi immer als äußerst angenehmen Gesprächspartner empfunden, der nie auf die Idee gekommen wäre, an mich mit Forderungen heranzutreten.«

***Helmut Strobl**, ehemaliger Kulturstadtrat der Stadt Graz*

Hänggi hatte immer Freude und Spaß dem Mammon vorgezogen. Er wollte selten verkaufen, da ihm seine Arbeiten selbst Freude bereiteten und ihm gefielen. Trotzdem wurde er wahrgenommen und geehrt. Bereits 1979 erhielt er die Ehrenmedaille der Stadt Graz. 1992 wurde ihm das große goldene Ehrenzeichen des Landes Steiermark von Landeshauptmann Josef Krainer verliehen.

FOTO FISCHER

Eduard Hänggi mit Landeshauptmann Josef Krainer

»Eduard Hänggi ist mir als sehr sympathischer, netter Mensch in Erinnerung, der trotz seiner körperlichen Einschränkungen immer fröhlich war, nie jammerte und stets freundlich auf Menschen zuging.«

***Alfred Stingl**, ehemaliger Bürgermeister der Stadt Graz*

»Wenn ich zurückblicke auf die vielen Jahrzehnte meines Lebens, dann stelle ich dankbar fest, dass sich alle Unglücksfälle, die ich in meinem Leben erlitt, immer zu meinem Besten gewandelt haben«, schreibt Hänggi noch kurz vor seinem Tod. So schrecklich der Krieg für ihn auch geendet hat, letztendlich hat er ihn zu seiner Freude hingeleitet. Ihn zu dem werden lassen, der er tatsächlich geworden ist, was er 1981 mit der Skulpturengruppe »Werden« vor Augen führt.

»Werden«

Nicht nur bei Hänggi ist zu beobachten, dass sich Unglück in Glück wandeln kann. Durchforsten wir unsere eigene Vergangenheit, werden auch wir wahrscheinlich unangenehme Ereignisse entdecken, die sich früher oder später als Glücksfall erwiesen haben. Vielleicht hat sich ein Partner von uns getrennt, was äußerst schmerzhaft war – und doch hat diese Trennung den Weg für eine wunderbare Beziehung freigemacht. Oder eine Kündigung, die uns völlig unvorbereitet traf, nur um später festzustellen, dass die neue Arbeit viel erfüllender ist und glücklich macht. Hänggi formuliert es so: »Ich habe einige Jahre im Krieg gelitten und danach enormen Schmerz erfahren. Aber viel mehr Jahre habe ich in Freude gelebt und geliebt. Was will ich mehr.«

»Ein Mensch schaut in der Zeit zurück und sieht:
Sein Unglück war sein Glück!«

Eugen Roth

Was der Dichter hier so schön in Worte fasst, wünsche ich Ihnen von ganzem Herzen. Vielleicht kann Hänggi Ihnen dafür ein Beispiel sein, aber auch Mut machen, die Herausforderungen des Lebens anzunehmen. Hänggi jedenfalls hat es getan und ist dabei der geworden, der er imstande war zu sein. Im Jänner 1996 – mehr als fünfzig Jahre nach seiner Verwundung – ist er zufrieden, friedlich und mit einem Lächeln im Gesicht von dieser Welt gegangen.